U0928455

作者简介

王官成 男，重庆武隆县人，博士，教授，重庆工业职业技术学院党委书记，西南大学兼职教授、硕士生导师。中国伦理学会会员、重庆市伦理学学会副会长，中国机械工业高职与中专教育思想政治工作研究会副理事长，重庆市高等职业技术教育研究会常务副会长、素质教育委员会主任，重庆市高校中青年骨干教师。主要从事伦理学、管理学、马克思主义理论与思想政治教育的教学和研究工作。公开出版专著7部；在《哲学研究》等核心刊物发表论文30余篇；参与国际合作项目《日中老人问题比较研究》（中方主持人）；主持国家、省（市）级课题研究7项；荣获国家级和市级教学成果奖二等奖各1项；荣获省级哲学社会科学优秀科研成果奖三等奖2项。

陈友力 男，河南罗山县人，硕士，副教授，重庆工业职业技术学院党政办公室（发展规划处）副主任，主要从事职业教育政策与规划、职业教育德育研究。在《教育学术月刊》、《教育与职业》等学术期刊发表论文20余篇；主研教育部、财政部立项的《重庆工业职业技术学院国家示范性高等职业院校建设项目》；主持或主研省（市）级课题9项；荣获市级教学成果奖二等奖1项。

高校德育成果文库·教育部思想政治工作司组编

现代职业教育德育新探

王官成　陈友力◎等编著

图书在版编目（CIP）数据

现代职业教育德育新探/王官成等编著．—北京：
中国书籍出版社，2015.1
ISBN 978－7－5068－4700－1

Ⅰ.①现… Ⅱ.①王… Ⅲ.①职业教育—德育—研究
—中国 Ⅳ.①G711

中国版本图书馆CIP数据核字（2015）第007726号

现代职业教育德育新探

王官成 等编著

责任编辑 毕 磊
责任印制 孙马飞 马 芝
封面设计 中联华文
出版发行 中国书籍出版社
地　　址 北京市丰台区三路居路97号（邮编：100073）
电　　话 （010）52257143（总编室） （010）52257153（发行部）
电子邮箱 chinabp@vip.sina.com
经　　销 全国新华书店
印　　刷 北京彩虹伟业印刷有限公司
开　　本 710毫米×1000毫米 1/16
字　　数 175千字
印　　张 14
版　　次 2015年3月第1版 2015年3月第1次印刷
书　　号 ISBN 978－7－5068－4700－1
定　　价 68.00元

总 序

中发〔2004〕16号文件颁发以来，各地各高校充分认识高校德育工作的极端重要性，坚持育人为本，德育为先，坚持贴近实际、贴近生活、贴近学生，不断推进理论、内容、机制和方式方法的创新，在传承中发展、在改进中加强、在创新中深化，大学生思想政治教育的吸引力、感染力、针对性、实效性不断增强，科学化水平不断提高，基本形成全员育人、全方位育人、全过程育人的生动局面。

今年是中发〔2004〕16号文件颁发十周年，为深入研究总结和集中展示近年来各地各高校落实立德树人根本任务、推动高校德育创新发展的理论和实践成果，教育部思想政治工作司决定组织出版《高校德育成果文库》，旨在引导和鼓励思想政治教育工作者聚焦高校德育工作的重大理论和现实问题，系统总结梳理近年来各地各高校加强高校德育工作所取得的可喜成绩和宝贵经验，并对下一步工作进行系统设计和统筹谋划，切实提高高校德育工作的水平和质量。

《高校德育成果文库》坚持正确的政治方向和学术导向，围绕立德树人根本任务，收录了一系列事迹案例鲜活、育人效果显著的研究专著、工作案例集、研究报告等成果。入选《高校德育成果文库》的这些著作都是各地各高校在长期研究和探索过程中心血和智慧的结晶，他们着眼于高校德育领域的重要理论和现实问题，研究规律，总结经验，探索路径。这些作品从不同的角度反映了高校德育理论研究与实践探索的丰硕成果，是推动高校德育创新发展的宝贵财富。

希望在《高校德育成果文库》的引领和示范下，各地各高校继续坚持理论联系实际，以高度负责的态度、科学严谨的精神开展理论研究和实践创新，不断丰富路径载体、健全长效机制，坚持以社会主义核心价值观引领学校德育工作，为培养德智体美全面发展的中国特色社会主义事业合格建设者和可靠接班人做出新的更大贡献！

《高校德育成果文库》编委会

前　言

德育是一门科学，育人是一项艺术。

加强职业教育德育工作，是确保我国未来产业大军素质的重要举措，是培养中国特色社会主义事业合格建设者和接班人的重要要求。我国已建成了世界上最大规模的职业教育，中等和高等职业教育年招生规模超过1100万人，在校生超过3100万，占到了高中阶段教育和高等教育的半壁江山。《国务院关于加快发展现代职业教育的决定》（国发〔2014〕19号）指出，到2020年，我国中等职业教育在校生将达到2350万人，专科层次职业教育在校生为1480万人，接受本科层次职业教育的学生达到一定规模。这么庞大的青年群体，是否在内心里认同党的领导，认同社会主义制度，能否坚定跟党走中国特色社会主义道路的信念，直接关系到能否确保中国特色社会主义事业兴旺，后继有人。这么庞大的青年群体，能不能具备健康、积极、向上的思想道德素质，直接关系到我国未来产业大军的整体素质，关系到经济社会发展的全局。《现代职业教育体系建设规划（2014－2020年）》明确提出要切实加强职业院校德育工作："要积极培育和践行社会主义核心价值观，弘扬民族优秀文化和现代工业文明，传承民族工艺文化中以德为先、追求技艺、重视传承的优良传统"，"推进产业文化进教育、企业文化进校园、职业文化进课堂"，建设融合产业文化的校园文化，培养具有现代职业理念和良好职业操守的高素质人才。因此，扎实推进职业教育德育工作，是一项重大而紧迫的战略任务；认真探索和研究职业教育德育,是一项全新而重大的课题。

德育体现教育的社会性和阶级性,是学校教育的重要组成部分,它与智育、体育等相互联系,彼此渗透、密切协调,共同育人。职业教育德育在本质上与普通教育德育是一致的,但就其内涵而言,又具有特殊性。这些属性是由职业教育的性质和特点所决定的。正确认识和把握职业教育和职业教育德育的特点,是正确认识职业教育德育并加强和改进职业教育德育工作的关键。如果不加区别地照搬普通教育德育的传统模式开展德育工作,将成效甚微,难以打开职业教育德育的新局面。

《现代职业教育德育新探》是对传统德育领域的拓新之作,是对现代职业教育德育这一新领域进行的全新探索和尝试。本书旨在对这一德育新领域尽一份责任和义务,也期望为现代职业教育德育工作提供一个较规范的工作系统和工作模式。本书共分八章,系统分析了现代职业教育德育理念的创新性、职业教育德育主体的全员性、职业教育德育目标的层次性、职业教育德育内容的针对性、职业教育德育过程的全程性、职业教育德育途径的多样性、职业教育德育管理的科学性和职业教育德育评价的多维性这八大属性。

尽管我们主观上力求在现代职业教育德育领域有突破、有创新,但由于水平有限,书中难免有一些疏漏或不足之处,敬请广大职业教育工作者、专家、学者、读者批评指正。

作者

2014 年 12 月于重庆

目 录
CONTENTS

第一章

职业教育德育理念的创新性

加强现代职业教育德育工作必须以创新的理念为支撑与引领。本章系统阐述了现代职业教育德育的“三为”育人、“三全”育人、“三进”育人、“两化”育人理念，以期系统构建现代职业教育德育理念体系。

第一节 “三为”育人

《说文解字》对“育”的解释是：“育，养子使作善也。”人民教育家陶行知先生曾经说过：“先生不应该专教书，他的责任是教人做人；学生不应该专读书，他的责任是学习人生之道。”“千教万教，教人求真；千学万学，学做真人。”灿若星河的中华文明，经典教育名言无以数计，其中蕴含的育人哲理，至今仍熠熠生辉、泽被后世。

育人作为教育的逻辑起点和终极目标，一直受到党和国家的关注和高度重视。1999 年和 2004 年，中共中央、国务院分别下发了《关于深化教育改革全面推进素质教育的决定》和《关于进一步加强和改进大学生思想政治教育的意见》，明确要求以大学生的全面发展为目标，培养德智体美全面发展的社会主义事业合格建设者和可靠接班人。

党的十八大提出:“把立德树人作为教育的根本任务,培养德智体美全面发展的社会主义建设者和接班人。”党的十八届三中全会提出:“全面贯彻党的教育方针,坚持立德树人,加强社会主义核心价值体系教育,完善中华优秀传统文化教育。”用什么样的育人理念去引领育人工作,关系到学生的全面发展和健康人格塑造,关系到国家的人才培养,关系到人才强国战略和科教兴国战略,关系到中国特色社会主义事业的兴旺发达、后继有人。

立德树人是学校教育的根本任务,如何立德树人是一个重大的理论问题和实践问题。学校教育尤其是职业教育,在培养学生如何立德上,长期以来存在着理念不清、针对性不强、效果不好等问题。职业教育以培养生产建设一线急需的高素质技术技能型人才为己任,其中的高素质充分体现了职教德育的根本要求,这是“三为”育人理念的出发点和归属。“三为”育人理念的基本内涵,包括引导学生踏实为人、用心为事、积极为业三个方面。

一、为人是根基

为人是为事、为业的根基。引导学生为人,就是引导学生成为有品德之人、有品质之人、有品位之人。

品德是反映一定社会关系的特定社会道德原则、规范表现在社会个体的思想行为整体中的稳定特征和一贯倾向;①是个体道德境界的标志,由道德认识、道德情感、道德意志、道德信念、道德行为等因素构成。品德是人之为人、人之区别于动物的品质,品德不是天生的,而是后天获得、在实践中养成的。② 有品德之人,主观

① 蒋勇、邱国栋:《论个人品德与社会公德、职业道德、家庭美德及其关系》,载《思想政治教育》,2010 年 9 期。

② 高国希:《论个人品德》,载《探索与争鸣》,2009 年 11 期。

上无论是否愿意，都能够主动地、自觉地去遵守社会既定的基本行为规则。

品质是指人的一种内在的心理素质，即品格，或者说是气质、习惯或品性，道德行为的积累即道德品质。① 道德品质的形成与发展的内化和外化机制的运行过程是外在于主体的社会道德要求，在心理机制的作用下，内化为主体的道德意识（精神力量）在道德意识（精神力量）的支配下，将其外化为道德行为实践，相对稳定地调节主体外显的道德行为过程。② 可见，道德品质是道德修养的结果，是品德在个体上的内化、质化而来的人格，是品德的固化、行为化和常态化以及由此而体现出来的涵养、定式、行为自觉。

品位是指包括人的仪表、言行、气质、情趣、思想、道德、情操、修养等在内的综合质量水平和社会价值含量。如何将个人价值和社会价值有机融合，让自己活出一种令人赞美的高品位来，是每个有上进心的人的殷切愿望和执着追求。品位通过修身养性内化后的品德和品质的外化显现，不只是固有和质化的素养和品德，而且是生命化的品德品质的外在表现，是言行举止的外在彰显，是对他人的积极影响和教育引领，直接反映出一个人的优秀品格和精神风范。

二、为事是关键

为事是为人、为业的关键。引导学生为事，就是引导学生学习为事之能、培养为事之术、掌握为事之道。

为事之能是在专业理论知识学习和动手能力培养的基础上，能够

---

① 魏英敏：《试论道德行为与道德品质》，载《湖南师范大学社会科学学报》，2009 年第 5 期。

② 王滨有：《道德品质形成发展的内化与外化运行机制》，载《北京化工大学学报》（社会科学版），2004 年第 1 期。

完成某项工作任务的基本技能。技能是从事特定工作所需要的能力。职业院校的学生毕业后将走上技术型、技能型职业岗位,需要掌握基本的职业技能操作方法和操作规范,具备从事该项工作任务的基本能力。

为事之术是在学习掌握为事之能的基础上,对基本技能进行强化和提升,以致熟能生巧,是科学化、规范化和熟练化的技能。基本技能通过反复练习,达到的迅速、精确、运用自如的技能叫“技巧”,这要求职业院校的学生要有及时把握特定职业在职场中的发展趋势和最新动态的能力,形成与职业或岗位相对应的较完备的专业知识结构,掌握先进的相关职业理念和操作方法。

为事之道是在强化技能技术的基础上,不仅知晓工作任务的对象、内容和要求是什么、应该怎么做,而且知道为什么要那样去做;不但拥有技术技能,而且能自觉把技术技能与道德情操相融合。职业教育能力建设的主要任务既不是普通教育所完成的学科知识的应用能力,也不是一般意义上的实践能力,更不是职业岗位需要的狭义的专业技术能力,而是针对特定职业岗位或岗位群必需的、全面的、综合的职业能力。为事之道所体现的,不只是综合素质,更是一种人生态势和职业风范,蕴含着人生追求和道德修养追求。

三、为业是目标

为业是为人、为事的目标。引导学生为业,就是引导学生立业、乐业、创业。

立业是引导学生初步明确未来的职业发展方向,培养专业学习兴趣和专业情感,增强专业认同感、使命感和责任感,确立职业理想,为事业发展奠基。通过专业教育和专业学习,掌握所学专业的专业结构和学科结构、发展历史、当前的理论动态和科研前沿,从而引导学生了解所学专业、熟悉所学专业、热爱所学专业。

乐业是引导学生培养积极的职业情感，增强职业认同感、荣誉感和敬业感，把职业作为实现人生价值的舞台，热爱职业并将其融入自己的生活乃至生命之中，以此为荣为乐并愿意奋斗终身，甚至不惜为此做出必要的牺牲。

创业是引导学生增强创业意识和风险意识，培养敢想、敢闯、吃苦耐劳、诚信等创业精神，培养必备的学习总结能力、创新能力、风险评估能力、管理能力等创业能力，职业院校通过创建创业教育目标体系、内容体系、保障体系、评价体系等，让学生充分了解和体验创业实践的全过程，积极鼓励参加大学生创业大赛。有条件的职业院校可以设立创业园、创业工作室等，允许在校期间一边求学一边创业或者休学创业，正确处理好学业和创业的关系。

第二节 “三全”育人

“三全育人”德育模式指的是学校德育围绕“育人”这个核心点，根据学生身心发展特点，思想政治教育以及职业教育的规律，按照育人队伍、育人时间、育人空间三个维度，坚持党委统一领导，党政群团齐抓共管的育人体系，形成全员育人、全程育人、全方位育人的新的德育工作格局，把德育融入到学生学习和生活的各个环节，渗透到教学、管理、服务的各个方面，构建符合职业教育发展规律的现代职业教育体系，从而促进学生全面发展，增强德育实效性。

“三全育人”德育模式由全员育人、全程育人、全方位育人三个要素构成，这三个要素围绕“育人”这个核心点相互联系，相互依存，从而构成一个有机、有序、和谐、完整的整体。育人既是“三全育人”德育模式的出发点，也是它的归宿，占据其核心位置，在“三全育人”德育模式内处于提纲挈领的地位。其中的三个构成要素都是以育人为中心,都是为实现育人这个目标而服务的。它们的最终目的是最大程度地挖掘潜在的或者现实的德育资源,并将其整合起来,形成一股合力,以便更好地实现育人这个目标。如果没有育人这个核心点,那么“三全育人”模式也就成了一盘散沙,没有方向和目标,也没有任何构建的价值和存在的意义。总之,“育人”是“三全育人”德育模式的重心和归宿。以“育人”为核心,实质上也是立德树人、以人为本理念的体现。

一、全员育人

职业教育是一个开放的系统,职业教育德育的进步需靠思想政治教育自身体系的加强。没有职业院校整体的德育建设,而只靠党的组织系统推动学生思想政治教育,而没有党政协调,便难以充分发挥行政系统的德育功能;只靠专职政工队伍的孤军奋战,不充分调动全体教职员工育人的责任感和积极性;只靠职业院校本身力量,不充分发挥企业行业作用,职业教育德育问题难以从根本上得到加强和改进。

德育是学校教育的一部分,它不是学校一部分人的任务,应当是全体教职工的共同任务。只有将德育纳入整个学校的教育体系,只有确立全员德育意识,只有学校每个职能部门、每个教职员工都在自己本职工作中,主动地、创造性地发挥出政工部门和政工干部所不能替代的育人功能,才能使得整个学校在时间和空间上形成一种和谐的育人环境。

全员育人,主要从育人主体而言,是指调动一切可以调动的力量,形成一个全员参与、责任明确、分工协作的教育群体,形成一个目标明确、要求一致、管理严密的德育工作领导管理体制,切实使全体教师员工、学校、行业与企业、政府、社会、家长等教育力量都成为学生思想成长的引路人。实施全员育人是对德育工作组织者、管理者角色认识的转换。传统上,人们总是把党团组织、班级、辅导员、班主任认定为德育工作的机构与人员,从德育专门的组织管理来说,这是没有问题的。但是,德育工作不是一件具体的事务性工作,学生的思想成长也不是靠某个机构、人员专门训练而实现的。德育工作的复杂性、思想观念的社会性、学生品德形成的长期性等特点都决定了德育工作管理的全员性。只有把党团组织、班级、家庭、企业行业、社会教育等联合起来,形成"联合舰队",把领导、辅导员、班主任、教师、企业技术人员、家长、社会教育工作者及学生自身组织起来,形成整体"教育阵容",才能把一切有利的影响、积极因素组织起来,形成教育的合力,抵制住不良思想对学生的侵袭。

(一)健全学校德育工作网络

学校德育工作网络系统包括四个层次:一是以党委书记为统帅、主抓学生和教学工作的副书记、副校长具体负责校学生工作指导委员会,从全局的高度规划全校的德育工作;二是校、院、系三级党政工团学主管部门及群众组织,具体实施学校德育工作规划;三是班主任和辅导员队伍,负责日常引导,与个别学生进行耐心细致的思想交流,以及对学生思想状况的收集整理和及时反馈;四是各个学生班级围绕学生日常学习、生活和管理建立的检查小组。这个网络系统的建立和逐步完善,旨在做到目标明确、分层负责、四位一体、同心协力,为全校的德育工作提供可靠的组织保证。

(二)健全家庭教育网络

教育实践表明,家庭教育对学生能否健康成长的影响是重大的、不可忽视的。父母教育方法不当、自身不善、家庭残缺不全等因素,都会使子女感受不到家庭的温暖,承受不了家庭的压力,极易产生厌学行为,甚至走上违法犯罪的道路。为此,搞好学校与家庭的联合教育是一项非常重要的工作。通过给家长的一封信、电话联系、家长公开课等多种形式,学校应与每位学生的家庭建立密切的联系。通过这些方式,学校与家长针对学生的表现和存在的问题,共同商讨教育学生的最佳方案与策略,诚恳听取家长对学校提出的意见与建议。

(三)健全社会教育网络

职业教育不同于普通教育的重要特点就是校企合作、产教融合。因此,企业行业的参与,是职业院校德育工作的重要力量。校企合作坚持"以人为本"的共同价值取向,将育人理念贯穿于学生"学习、生活、实训、实习"的全过程。校企双方共同制定专业的职业道德规范细则,将培养学生职业道德融入专业技能教育中。由于职业院校学生有较长时间的校外实习实训课程,学校可以制定学生顶岗实习的评价表,其中包括实习期间职业道德考核表,既有实习单位负责人对学生职业道德各方面的考核,也有学生对自己实习期间学习、工作和职业道德践行的心得体会。

二、全程育人

全程育人是指从学生思想品德形成的规律出发,加强德育工作的阶段性、连贯性、时间性、发展性,使德育工作贯穿于教育工作的始终,让学生的思想观念、道德素质、职业素养可持续健康发展。学生的思想道德发展有其自身的年龄特点,总体来看,学生自我意识发展迅速,且生活内容日益丰富、深刻,人生观和价值观逐步形成和稳固。在这一时期,他们最为迫切、最为认真地关心人生态度、生活方式、生存价值等生活的重大问题。全程育人就是强调育人要贯穿学生学习、成长的全过程,要认真研究职业院校学生从入学到毕业的每个阶段的特点及其身心发展规律,以及学生每个阶段所面临的实际问题,有针对性地规划从低年级到高年级不同阶段的思想政治教育的工作重点和方法,促进学生思想政治教育的发展。

(一)全时段进行德育工作

实施德育是以一定的时间为依托和条件的,要把德育放在学生在校的所有时间内进行,这包括学生整个在校期间的德育工作,学年的德育工作,学期的德育工作,每月、每周、甚至是每天的德育工作。为此,职业院校应整体设计德育工作计划,使各时段的德育工作层次清楚、重点分明、环环相扣、不断深入。在全程育人中,强调"抓两头带中间",在学生学习生活整个过程中,对刚入校的新生和即将离校的毕业生不降低教育引导标准,对中间主干阶段特别注重充实巩固提高。[①]

(二)全程进行德育工作

德育工作是一个复杂的过程,为确保学生道德品质形成过程的顺利进行,必须对学生思想道德发展过程进行持续不断跟踪教育。职业院校可以建立学生素质发展档案,摸清他们的思想道德发展情况及表现,向他们提出努力的目标,督促他们努力实现目标。针对学生的日常表现,及时对他们的优点进行表扬,对他们的缺点提出批评与改进意见,并建立评价反馈机制,对学生的德育工作效果进行综合测评。

三、全方位育人

育人主体如何开展德育工作关系到德育目标的实现,德育的最终目标是为了促进人的健康、自由、全面发展,达到全方位育人。全方位育人是指加强德育内容的丰富性,德育途径的多样性,以形成学生良好的思想道德素质结构。德育是一个内涵丰富的整体,其中政治教育、思想教育、道德品质教育是核心,除此之外,德育还包括法制教育、

① 宋长生:《高校德育工作针对性和实效性研究与实践》,哈尔滨工程大学出版社2007年版,第87页。

心理健康教育、环境教育等多方面的内容。同时,从育人机制看,全方位育人还应构建管理育人、教学育人、服务育人、活动育人、环境育人等整套机制。只有加强全方位的教育,提供一个全面、和谐的德育环境,使德育渗透于学生生活的方方面面,才会加强学生的参与性、自主性、选择性,切实提高德育工作的实效。①

可见,"三全育人"德育模式是一种大德育模式,具有以下特征。一是育人的整体性。育人是一项系统工程,需要各方力量的支持与配合,形成育人合力。"三全育人"德育模式正是基于大德育观的前提所建立的,它从德育系统整体着眼,将学校、行业与企业、政府、社会、家长等力量调动起来参与德育工作,形成一股强大的德育合力,是一种宏观的、整体的德育模式。二是育人的全面性。人的全面发展不仅仅是个人的人生追求,也是当今教育目标所达成的共识。"三全育人"德育模式以人的全面发展作为目标,它通过拓宽德育渠道,通过各种途径和手段,采用不同的方法,将显性德育与隐性德育相结合,开展全方位育人,使学生掌握必备的科学文化知识和技术技能,锻炼适应社会的能力和才干,具备良好的身心素质和道德品格,健康自由地全面发展。三是育人的全程性。"三全育人"模式根据思想品德形成发展规律,人的思想品德的形成具有长期性和反复性的特点,强调德育工作应贯穿学生成长的全过程,并根据不同时期的特点,制定并实施具有针对性的教育内容,从而进一步提高德育的质量并保证良好效果。

① 李新生、刘敏:《"三育人"德育机制的实践探索》,载《教育与职业》,2007 年第 27 期。

第三节 “三进”育人

在国家加快职业教育改革发展,推动校企紧密合作、产教深度融合的现代职业教育体系的政策背景下,2014 年 6 月,国务院召开了全国职业教育工作会议,审议通过了《现代职业教育体系建设规划(2014—2020年)》,强调加强职业院校德育工作,明确提出“推进产业文化进教育、企业文化进校园、职业文化进课堂”(以下简称“三进”育人),这为我们重新定位职业教育与产业、工业、企业、职业文化的关系提供了依据,“三进”育人要求我们将这三种文化引入职业教育,贴近职业教育,参与职业教育的全过程,搭建起企业与职业学校之间文化沟通、合作与融合的桥梁。

一、产业文化进教育

(一)产业文化的含义

产业文化亦即工业文化,是指工业化生产方式下萌生和发展的,由产业精神、经营哲学、价值观、制度、行为模式、组织和品牌形象等元素构成的物质和精神互为整合的生产性文化系统。产业文化是现代工业社会生产工作方式的积淀与升华,是工业化社会文化的重要亚文化,其上位文化是社会文化,下位文化是行业文化乃至企业文化、职业文化和工作文化。[①] 产业文化的内涵主要包括:合格公民的意识与行为规范;合格劳动者的意识与行为规范;合格企业法人的意识与行为规范;环境生态意识与行为规范;多元文化理解

① 荀莉:《职业教育课程融入产业文化的思考》,载《职教论坛》,2013 年第 27 期。

与行为规范。①

（二）产业文化进教育的途径

职业教育对接产业文化的本质，是职业教育主动适应工业流程、工业环境、工业行为和工业组织文化等规范与标准的反应方式，回归工业或产业文化育人发展观及运行规律上来，真正做到职业教育与工业与产业"零距离"，实现"无缝"对接。产业文化进教育的主要途径有如下。

1. 以职教发展为重点，纳入经济社会发展规划

世界发达国家和国内先进城市经济发展的成功经验表明，在经济高速发展的时期，发展职业教育是促进产业转型升级的基本前提。把职业教育纳入经济社会发展和产业发展规划，与现代产业和和谐社会同步规划、同步发展，打破区域、行业、部门、学校类型界限和保护壁垒，通过"合并、共建、联办、划转"等方式，在优化整合职教资源基础上创新校企深度合作的体制机制，促使职业教育办学规模、专业设置与经济社会发展需求相适应，实现职业教育与产业的深度对接，提高人才培养与产业需求的吻合度。

2. 以文化对接为目标，建立教育与产业对话机制

世界上职业教育发达国家的校企合作成功经验，尤以德国的"双元制"、澳大利亚的"技术与继续教育"、新加坡的"教学工厂"等为世人所称道，虽各具特色，但共同特征明显：以政府为主导，建立了有效的教育与产业对话机制，制定了完备的职业教育法律法规，提供了充分的财政和人事保障制度。可见，职业教育与产业对话活动是深化产教融合、校企合作的重要途径，是推动现代职业教育发展的重要动力。自2010年以来，教育部已成功举办近40次职业教育与产业界高层战

① 余祖光：《先进工业文化进入职业院校校园的研究》，载《职业技术教育》，2010年第22期。

略对话活动，涉及现代制造、商业服务、现代物流、旅游和有色金属等重点行业，体现了国家重点产业振兴规划要求，聚焦于发展先进制造业战略性新兴产业和现代服务业等，形成了较好的示范作用和带动效应，推进产业与教育融合，深化办学体制和人才培养模式的改革，建立了教育与产业对话协作机制。我国《现代职业教育体系建设规划（2014—2020年）》明确提出坚持产教融合发展的原则，"推动职业教育融入经济社会发展和改革开放的全过程，推动专业设置与产业需求、课程内容与职业标准、教学过程与生产过程对接，实现职业教育与技术进步和生产方式变革以及社会公共服务相适应，促进经济提质增效升级"。因此，政府应进一步深化职业教育与产业对话合作，搭建深层次合作的有效平台，形成资源共享、优势互补、合作共赢的良好局面。

3. 以人才培养为主线，开辟产业文化进教育主渠道

产业文化进教育，主要是在专业建设和课程改革、工学交替与教师素养提高过程中，恰当地融入产业文化。在专业建设和课程改革中，加强工作价值观教育。工业文化的核心是工作价值观，工作价值观既是个体对工作的价值判断，也是群体特别是企业全体员工对工作的共同认识与行为规范。职业院校应将产业文化中的责任意识、诚实守信、爱岗敬业、团结协作、服务奉献等作为学生综合职业素养训练指标，并贯穿于专业建设和课程改革的各个领域。在工学交替过程中，强化职业性教育。继续坚持学校与行业企业共建实训基地，共办急需专业，共开特色课程，共同开发教材，共同培养人才，按现代企业经营管理模式共建产品技术研发中心，共建技能大师工作室。教师产业文化素养的提高，主要是为了培养有产业文化素养的学生。职业院校的教师要通过理论学习、参加企业实际工作和主动接受工业文化熏陶等不断提高自身的先进工业文化素养。

二、企业文化进校园

（一）企业文化的含义

企业文化作为一种亚文化，是从属于组织管理文化的范畴，是企业在长期的生产、管理、经营实践中形成的一套观念、信念、价值和行为规则，以及由此导致的行为模式，反映了企业在生产、经营、管理活动中所创造的具有本企业特征的精神财富和物质形态。企业文化是企业的精神核心，是企业生产经营的灵魂。

（二）企业文化进校园的途径

1. 融入企业精神文化

从业者具有良好的职业道德是企业要求的首要素质。学生职业道德的养成是诸多因素综合作用的结果，校园文化在其中发挥着至关重要的作用。然而，职业院校校园文化中，除常规的校园文化活动外，应更多地融入职业道德、职业人文素质等元素，应更好地结合校企合作特点和学生的职业需求，应更充分地体现校园文化活动的职业化倾向和职业特色。

企业文化精髓包括效益、信誉、职业素养等核心价值理念，是企业生存和发展的“生命线”。① 在与企业文化对接时，职业院校应以校企文化精神的融合为核心，注意吸纳优秀企业的核心价值观，打造自己的精神文化特色。企业的精神文化有利于职业院校更新教育理念、丰富校园精神文化。现代优秀企业精神文化不断激励员工为实现企业的目标而努力，同时更值得在校企合作中融入企业文化，弘扬企业精神文化，为学生的成长提供精神食粮，以利于学校良好校园学习风气的形成，利于我们更好地开展教育教学工作、更好地培育人才。校园

---

① 谷献晖：《高职校园文化中融入企业文化：作用与途径》，载《中国成人教育》，2011年第9期。

精神文化和企业精神文化的交互渗透、融合，能够丰富校园精神文化的内涵，体现出职业院校特有的职业教育文化特色、文化底蕴和历史积淀。

2. 营造企业文化氛围

职业院校培养的学生是生产、建设、服务和管理第一线需要的高技能人才，而职业素养仅仅通过知识学习和技能训练是无法形成的，它需要通过模拟、仿真的企业生产环境，营造企业文化氛围，将企业文化渗透到校园建设和教学与管理全过程，在一定的职业文化氛围中陶冶，以便在人才培养全过程中对学生起到长期的潜移默化的作用，完成从学生到面向就业岗位的准职业人的转变。通过构建全方位校园文化融入企业文化格局，使校园与企业联合互动，尤其是软环境的建设，包括机制和体制。如重视在校园内树立合作企业的标识，宣传合作企业的价值观、作风、经营方针，展示优秀企业的产品；建设"学生创业中心"，建设企业文化教育基地，设立创新创业项目扶持基金等。

3. 构建企业管理文化

为了加强学生未来的职业适应性，职业院校必须不断地引入企业的管理理念，提倡企业的管理作风，借鉴企业的管理制度，让企业管理文化进班级。在班级管理中，以企业的形式来管理班级，进校门即进企业，上课即上班，进实训基地即进车间，车间下设各管理部门，如人事部、外联部、生产部等，班主任是厂长或经理等，把自己班级当作企业来经营和管理。将企业管理文化融入班级管理中，增强了学生职业岗位意识，有效地帮助学生实现"职业人"的角色转换，为他们顺利走上工作岗位奠定了良好的思想基础，提供了有力保证。

4. 践行企业行为文化

职业院校学生的理念和行为方式能否适应未来企业的要求，能否适应企业文化，对学生的成长、成才、就业、创业都有着重要影响。要让学生在行动上有企业员工的行为，就要在理念上认同优秀企业的核心价值观，认同校企合作企业的理念、发展战略、企业精神；在思想上认同合作企业的企业作风、企业目标、企业经营宗旨、企业形象、全体员工的责任感；在行动上践行合作企业的行业准则、行为规范、成本意识、合作意识、时间意识、团队精神、注重仪表，具有忠于职守、严谨负责、顾全大局、团结协作的职业道德和精神。①

三、职业文化进课堂

（一）职业文化的含义

职业文化是人们在长期职业活动中逐步形成的价值观念、思维方式、行为规范以及相应的习惯、气质、礼仪与风气。它的核心内容是对职业使命、职业荣誉感、职业心理、职业规范以及职业礼仪的自觉认知和自愿遵从。职业文化概念有广义与狭义之分，狭义概念经常被用于某一具体职业，如教师、医务人员的职业文化等等。广义的“职业文化”指在多种现代性职业中形成的具有普适意义的职业文化，具有普适意义的职业文化最基本的内容应是职业社会与职业单位的制度、习俗与道德，具体包括职业道德、职业精神、职业纪律和职业礼仪等。②

（二）职业文化进课堂的途径

职业院校将职业文化融入课堂主要从四个方面考虑，即课程的设置、课程的目标、课程的内容、课程的模式。

1. 课程的设置

打破传统课程设置，实行项目化、模块式教学，设置职业素养课程模块、职业知识课程模块、职业能力课程模块和职业拓展课程模块，开

---

① 张俊茹：《企业文化进校园的实施途径》，载《中国现代教育装备》，2012 年第 5 期。

② 董显辉：《职业文化的内涵解读》，载《职教通讯》，2011 年第 15 期。

设企业认知、职业伦理与职业道德、职业安全与企业文化，就业指导、创业实践类课程等。构建职业能力体系，按照构建满足“专业基本技能、专业综合技能和专业生产技能”需要的三层次实训体系思路建设实践教学环境，在进行专业基本技能训练的同时，兼顾培养学生职业道德、职业精神，使学生具有良好的职业技能、行为、心态和道德，积极参与职业生涯设计、就业指导等课程或活动。

2. 课程的目标

以市场和社会的需求为导向，以企业对人才知识、技能、素质的需求为依据，这就是职业教育的“就业导向”“市场需求导向”，把企业文化的精髓与学校的专业课程和实践环节进行深度融合，并最终落脚到学生职业素质和职业价值观培养上，从文化的角度表述就是把“学校人”培养成满足企业需要的“企业人”。

3. 课程的内容

成立由行业企业共同参与的教学指导委员会，系统设计课程内容，将企业先进技术和生产工艺融入到课程中，将企业文化、职业道德、工作规范融入到课程中，与企业人员合作，共同进行工作过程系统化的课程设计，共同开发课程，共同编写工学结合的教材，将校企融合的职教特色学校文化建设落实到教学中，体现在教学环节上。

4. 课程的模式

按照能力本位，双元合作、任务引领的思路，探索由行业协调委员会、企业专家和专业教师共同完成人才需求调研、工作任务分析、课程结构分析，课程内容分析、教材开发的课程开发模式。积极推进基于岗位能力标准的模块化课程设计，基于工作过程的系统化的课程设计。通过建立“工学结合”“理实一体化教学”“以学生为主体”“实训场所即教学场所”“体现企业文化和现代化企业员工的素质培养”的校企合作育人、双导师模式，改革传统的以课堂为中心、以教师为中心的课程模式。

第四节 “两化”育人

文化生态是指一定时期、一定社会文化大系统内部各种具体文化样态之间相互影响、相互作用、相互制约的方式和状态。[①] 文化生态系统的结构,就是一幅呈现在我们面前的由各种文化生态因子相互联系组成的画面。文化生态系统内部各种相关因子的相互联系,表现为文化领域中相同的文化层次内部诸因子的相互联系,以及不同层次的文化因子的相互联系,大多反映在不同的文化行业、文化形式的相互联系、相互影响的关系之中。在文化生态系统中,企业文化生态和教育文化生态是重要的两大子系统。职业院校的教育性与职业性决定了职业院校文化生态结构特征,既不是一般意义的普通学校文化,也不是企业文化,应当是学校文化与企业文化等文化群落相互交融形成的具有职业教育属性的文化生态系统。

一、引企入校:构建学校人才培养的企业文化生态

引企入校在本质上是校企合作的重要内容。引企入校不仅仅是企业的引进,引进企业只是表象,从本质上来讲我们是要引入企业文化、管理模式、工作项目、工作流程、考核机制等。其最大的特点是将学校与企业结合为一个利益共同体,是一种校企间的深度合作。从学校角度看,此举可有效弥补校内实训基地条件不足,使仪器设备得到及时更新与补充,同时提高生产化程度,企业全程参与

① 孙卫卫:《文化生态——文化哲学研究的新视野》,载《江南社会学院学报》,2004年第1期。

学校人才培养、专业建设、课程建设等,有利于学生专业技能的培养。从企业角度看,通过引企入校的方式培养的学生具有强烈的学习愿望,能理解、接纳公司的企业文化,专业技能扎实,上岗时间短,后续培养成本低,成为企业人才获得的重要途径。从学生角度看,所学的专业知识与产业越来越接近,提高了社会适应性,在企业顶岗操作中学会交流沟通和团队协作,弥补课堂教学和实验操作的不足,能够更好地就业与创业。引企入校使学校、企业、学生三方受益,逐步提升职业院校师生的"文化自觉",构建学校人才培养的企业文化生态。

(一)学校与企业合资建厂

合资建厂可以实现教学与生产合一、用产品利润补贴企业运行成本,完全引入生产元素,又可以根据教学需要组织生产,所以是一种很好的实训教学管理平台模式。职业院校利用自有的实训设备和实验实训室,把企业的生产和管理引进学校,以招商引资、设备租赁方式与企业合作,在校内建立工厂,把生产技师、管理人才引进学校,实训设备成为生产设备,学生实习成果成为产品。这种引厂入校方式既为学生在校内提供了方便而真实的实践环境,又节省了实训设备维护资金,增加了租赁收入,使实训设备充分发挥效益。

(二)引企入校共建实训基地

职业院校通过企业入校,从双方合作的切入点和纽带出发,以互利互惠、优势互补为原则,企业投入设备,提供优质项目、关键技术及运营资金,学校提供场地及师资,构建了校企双方共同管理的教学、生产和培训平台,成为开放的校内实训基地,实现资源高度共享和互惠双赢。重庆工业职业技术学院模具设计与制造专业将重庆持恒模具制造有限公司引入学校,建成了真实的模具生产、经营和教学的校内生产性实训基地,承担模具设计与制造任务,共同培养模具专业高素质技能型人才。企业全程参与到人才培养与专业建设中,企业产品成为课程载体,联合开发适用的实训装置,企业的生产、技术、管理案例引入实训教材,企业选派工程技术人员参与课程教学特别是实训实习的指导,更加贴近了产业实际。

(三)学校自建校办工厂

这是引企入校的又一个重要途径。由于校办工厂是学校自己创办的,能够完全贯彻学校的教学方针,遵守学校的教学要求,有效组织生产和实训,成为学校的实习工厂,有利于达到"实训室—车间、教师—师傅、学生—学徒、实习—生产、作品—产品"的有效融通。校办工厂实行双向互动的校厂运行管理模式,真正使校办工厂成为学生职业技能培训基地和双师型教师培训基地,高科技产品生产场所和学生职业素质训导场所,实现了"既育人才、又出产品"和"以产养教、以教促产"。①

二、援生入企:构建企业生产经营的教育文化生态

援生入企也是校企合作的重要内容,职业院校通过在企业建立校外实训基地,定期派遣学生到企业实习实训,校外实践不同于校内学习,学生具有"学生"与"职业人"的双重身份。校园文化是一种教育文化,其最高目标是如何有效地利用各种资源培养更多更好的人才,而企业文化是一种经营文化,其最高目标是为社会提供良好服务的同时追求利润和效益最大化。通过援生入企,在企业真实的生产经营中构建教育文化生态。

(一)学习内容产品化

充分利用校外企业的教学资源,以企业真实产品为教学对象,以

---

① 郭扬:《职业院校应建设成为校企合作办学的管理平台》,载《中国职业技术教育》,2009 年 36 期。

真实产品来做生产、以真实产品来做检验、以真实产品来做维修等，这种以真实产品作为教学载体的方式，有助于提升学生的责任意识和质量意识，这是校内学习无法复制的；其次，以某产品为例，来讲解工艺要求、元器件知识、产品作用等，针对性强、教学内容更饱满。企业的根本目标仍是追求利润，在产品质量得以保证的前提下，教学内容产品化有助于在一定程度上为企业贡献一些利润，从而为校企平等对话奠定基础。

（二）教学方式企业化

校外实践以岗位为教学场所，每个岗位均会配备指导师傅，岗位不同则师傅不同，这种教学方式更接近于学徒制，但有别于传统学徒制的隐性传授。校外实践通过指导师傅手把手地教授，使学生能更为直接地获得职业技术和职业素养，是一种现代式的学徒制。在岗位的设定方面，可以采取企业岗位晋升的方法，给每个岗位设定一个合理的技能达标要求。所有学生均从最简单的工作开始学习，通过培训、练习、考核等一系列过程，判定学生是否达到了该岗位的达标要求，若达成目标则可以晋升到下一岗位，继续新一轮的学习，在这种类似冲关游戏的激励下，可以较好地保持学生学习的积极性。

（三）教学评价综合化

由于以企业真实产品为学生实践内容，如何确保产品质量就成为首要解决的问题。学校的考核评价机制显然不能适应这一要求，在企业的品质管理中，更强调过程控制和事前控制，即要在各个关键点消灭产品的质量问题，以此来保证最终产品的质量。企业实践中对学生的评价继承了品质管理的特点，强调过程控制。一方面，指导师傅随时注意学生的实践过程，及时纠正错误，甚至是行为习惯方面的问题；另一方面，鼓励学生相互间发现问题并解决问题，以培养学生的团队精神。学校会派巡视人员每天对发现的问题以及客户反映的质量问题进行拍照、公示。在这种自查、互查和巡查相结合的环境下,学生的质量意识得以迅速提升,对于学生在企业实践的综合评价,由指导教师从出勤、纪律、质量和产量四个方面综合衡量。

第二章

职业教育德育主体的全员性

现代职业教育德育能否永葆活力和提高实效性,作为职业教育德育的主体——教育者和受教育者起着至关重要的作用。本章系统阐述了现代职业教育德育主体的内涵、特征、构成及关系,并结合现代职业教育的规律和特点具体分析了作为现代职业教育德育主体的教育者和受教育者的功能作用。

第一节　职业教育德育主体概述

当前,我国处于社会转型的关键时期,社会转型的特殊性对职业教育德育的发展提出了更高的要求,产业转型升级也对职业教育德育工作提出新的要求。职业教育德育只有与时俱进,才能是有生命力的德育,才能是有效的德育。这要求当代职业教育德育主体必须不断丰富自身的内涵,才能满足社会转型和德育的发展要求。为此,新时期对职业教育德育主体的内涵有了更多的期待。

一、德育主体

(一)主体概念的哲学界定

主体概念最初是与客体一起作为哲学的一对基本范畴而被理论界和学者所提出来的。"在西方思想史上,'主体'概念大致都是在'承担者'的意义上使用。主要有三种内涵:逻辑学意义上的主体,意指一个判断中宾词的承担者,即主语或主词。形而上学意义上的主体,意指属性的承担者,即实体。认识论意义上的主体,意指意识、意志、自我、精神等承担者,也就是人。"①我国理论界和学者对主体概念的研究,比较有代表性的观点有:第一,王家俊在《马克思主义认识论》一书中认为,主体是运用一定的物质手段有意识、有目的地改造客体和运用一定的精神手段和物质手段有意识、有目的地认识客体的物质承担者,是社会的人和人的社会;第二,张照明、张凤坡在《主客体的规定性》一文中提出,主体即人,但不是旧唯物主义者认为的抽象的纯粹生物学意义上的人,而是具有社会性地从事着认识和实践活动的现实的人,主体可以划分为个体主体、群体主体和社会主体;第三,李秀林在《辩证唯物主义和历史唯物主义》一书中认为,从人的活动中去考察人与对象世界的关系,就出现了主体和客体这两个哲学范畴,一般来说,主体是指从事实践活动和认识活动的人,客体指实践活动和认识活动所指向的对象;郭湛在《主体性哲学》一书中对主体概念的界定更具科学性,"广义的主体指的是在普遍存在的事物相互作用中能动的、主动的一方,客体是指受动的、被动的一方,因而广义的主客体关系,也就是事物相互作用过程中能动与受动、主动与被动的关系,当他是能动的、主动的作用者时,他对于被动者来说就是主体,而当他是受动的、被动的作用者时,他对于作用者来说就是客

① 袁本新、王丽荣:《人本德育论》人民出版社 2007 年版,第 57 页。

体”。因此在这种广义的主客体关系中,人和物都既可能是主体,也可能是客体。

(二)德育主体

由于现代德育实践活动的主体具有广泛性和复杂性,应把德育领域的主体作广义的理解和界定,即德育领域中的主体包括从事德育实践活动的全体教育者和受教育者。“德育主体”的概念包括下面几层含义。

第一,“德育主体”是处于一定德育实践活动中的教育者和受教育者,这体现了德育主体的社会性和实践性本质。

第二,“德育主体”以德育客体为其中介客体,这说明德育主体是存在于一定关系中的主体,既体现“人改造自然”的活动,也体现“人改造人”的活动。

第三,“德育主体”表明德育的终极目的是要使受教育者的德性、思想品德和思想政治素质不断提高、不断完善,体现了德育主体的价值性本质。

二、职业教育德育主体

(一)职业教育德育主体的内涵与特征

1. 职业教育德育主体的内涵

现代职业教育的重要特征是校企合作、产教融合。在校企文化交融下,现代职业教育德育主体比传统德育主体的内涵更加丰富、更加多样化。

一是教育者除了学校、政府、社会、家庭外,还有行业企业专家和技术人员深度参与职业教育德育工作,成为职业教育德育的主体。

二是受教育者除了职业院校全日制学生、学历继续教育者,还包括技术技能短期培训者、职业资格证书培训者，成为职业教育德育的主体。

2. 职业教育德育主体的特征

(1)职业性

职业是参与社会分工，利用专门的知识和技能，创造物质财富和精神财富，获得合理报酬，满足物质生活、精神生活的工作。职业是职业教育的基础，职业教育应以职业的形式进行，按职业的规范、过程、要求和逻辑而不是按学科来重组知识和技术，职业教育的基础才能坚固。职业性是职业院校德育主体的鲜明特征。

职业院校德育主体的职业性是指教育者和受教育者作为德育主体能够在德育实践活动中，将职业理想、职业态度、职业责任、职业技能、职业纪律等融入到职业教育教与学中，并内化为自觉的职业行为和能力。教育者要转变教育观念，把握职业院校德育工作的特殊性，从德育目标、德育方法和德育内容等方面凸显其职业性，强调德育与实践的有机结合，注重德育与技能培育的融合与互化，将德育培养整体融入职业教育实践中，从而实现德育培养目标。教育者要加强自身建设，要建成一支具有较高素质的德育理论课教师队伍，建成一支稳定的专业化、职业化的学生辅导员队伍，建成一支行业企业技术人员兼职德育教师队伍，他们不仅要掌握良好的职业技能，还要有先进的职业理念、严谨的职业精神等，以培养适合经济社会发展和产业转型升级的高素质技术技能型人才。充分发挥受教育者的主体性，让他们积极主动地参与到德育活动中，使之成长为能进行自我教育、自我监督、自我调控、自我发展的道德活动主体。受教育者在教育者的培养引导下，在学习生活中和职业实践中提高关键能力，达到陶冶自身的目的，形成责任意识、敬业精神、团结协作和可持续发展能力，培养出符合社替与个人双重需要的道德品质，实现“社会人”与“企业人”有效统一。

(2)自主性

自主性表明人是自己的主人,是主体作用实现的源头和原动力。英国学者迪尔登在《自主性智育》一文中概括出自主性有三个特征:“独立做出判断;批判性地反思这些判断的倾向;以及依据这些独立的、反思的判断将信念与行为整合起来的倾向。”自主离不开独立,没有独立,就没有自主。为此,科恩指出:“自主有两个尺度。第一个尺度描述个体的客观状况、生活环境,是指相对于外部强迫、外部控制的独立、自由、自决和自主支配生活的权利和可能。第二个尺度是对主观现实而言,是指能够合理地运用自己的选择权利,有明确目标,坚忍不拔和有进取心。自主的人能够认识并且善于确定自己的目标,不仅能够成功地控制自己的环境,而且能够控制自己的冲动。”

自主性是职业教育德育主体的活动特征,德育主体不仅能够自主地反映和改造客观世界,而且具有自我意识,能够自主地认识和改造主观世界。正是因为德育主体既能够在改造客观世界的同时,又能改造主观世界,从而使德育实践活动得以顺利的展开并取得预期的效果。因此,自主性是职业教育德育主体作用赖以实现的基础。

职业教育德育主体的自主性就是指德育主体能够依据自己的意志去生活、去行动、去决策、去评价、去选择。自主性使职业院校教育者能够在德育实践活动中依据客观实际和受教育者的需要,遵循以人为本、立德树人的原则,充分重视职业院校学生主体人格的提升。由于职业院校学生生源层次较低,部分学生自卑心理严重,人格存在某些缺陷,教育者要根据职业教育规律和受教育者的成长特点、思想状况、内心需求、兴趣爱好等,尊重学生的需求,有计划有目的地合理安排德育内容、德育目标、德育方法等,充分发挥主体性作用,引导和帮助受教育者形成正确的道德思维、道德判断和道德选择的能力。同时，自主性也可以使受教育者在德育实践活动中，在充分尊重德育实践活动的客观规律的前提下，依据自身的需要和发展的特点，自主地安排自己的教育活动，从而实现寻求更好、更有效的发展机会和条件的目的。这里需要强调的是，这里所倡导的德育主体的“自主性”对于教育者和受教育者来说，都是必须在遵守德育实践活动的规律和尊重对方的自主性的前提下才能得以真正地实现的。特别是在德育实践中，如不尊重受教育者的自主性，仅仅通过简单或强制的方法填鸭式地让受教育者接受教育的影响，会严重挫伤受教育者的学习兴趣和热情，进而会产生逃避和厌倦德育的后果。

(3)能动性

能动性是主体——人的生命特性和基本特征之一。马克思指出：“动物和它的生命是直接同一的。动物不把自己同自己的生命活动直接区别开来。它就是这种生命活动。人则使自己的生命活动本身变成自己的意志和意识的对象。他的生命活动是有意识的。这不是人与之直接融为一体的那种规定性。有意识的生命活动把人同动物的生命活动直接区别开来。”

人类最初的能动性是在长期的劳动中逐步形成和发展起来的，因此，正是劳动促进了作为自觉意识、可能能动认识和改造世界的人的诞生。马克思主义认为，人是能动的自然物。人的能动性表现在实践活动中，就是人的活动具有目的性，人能根据客观事物的特性和自身存在和发展的需要来制定实践活动的目标，这意味着，人在从事具体的实践活动之前，已经对活动的过程、结果和成效做了超前性的思考。

职业教育德育主体的能动性就是指教育者和受教育者作为主体能够在职业教育德育实践活动中，自觉地意识到自身的主体身份和自觉地发挥认识和改造客观世界能力的属性。德育主体的活动是一个能动的选择活动。职业教育德育实践活动的目标、手段和方式，都是德育主体发挥其能动性选择的结果。德育实践活动应该“做什么”“为什么做”“怎么做”,都是由德育主体能动性选择所决定的。因此,德育主体的能动性的发挥程度对德育实践活动的效果来说具有重大的决定性意义。德育主体的能动性发挥得大,就可能使德育实践活动达到预期的目的并取得理想的效果,反之亦然。这里需要指出的是,德育主体的能动性的发挥也不是不受限制的,可以随心所欲的。这是因为,德育主体发挥主观能动性必须要以尊重职业教育教学规律和德育的客观规律为基础和前提。“人的活动都是有目的的,而不同的客体对于达到主体目的的效能是不同的,于是人的每一活动、活动的每一步骤都要反复思量,慎重选择,两利相权取其重,两害相权取其轻。这就是马克思所说的人的活动的价值尺度问题。马克思认为人的活动是根据‘物种的尺度’和人的‘内在尺度’进行的,也就是根据客体的规律和主体的需要、目的进行的。”①

(4)创造性

创造是对原有认识、操作、成果有所改进、革新或有所突破、超越。“创造是新的内容或形式、新的结构或功能的生成,是在人与世界关系中主体本质力量非重复性地外在化、对象化、客体化的过程,同时也是外部世界、对象、客体内在化、观念化、主体化的过程”。②

创造性是作为主体——人的一种特有的存在形式。“从根本上说,我们是‘创造性’的存在物,每一个人都体现了创造性的能量。”“我们从他人那里接受创造性的奉献,这种接受性同许许多多接受性价值……一起构成了我们本性的一个基本方面。但是,我们同时又是创造性的存在物,我们需要实现我们的潜能,依靠我们自己去获得某些东西。更进一步说,我们需要对他人做出贡献。这种动机

① 袁本新、王丽荣:《人本德育论》,人民出版社 2007 年版,第 81 页。

② 郭洪:《主体性哲学》,云南人民出版社 2002 年版,第 190 页。

同接受性需要及成就需要一样,也是人类本性的基本方面。”①创造性对人和人类社会的发展至关重要,它是推动人类文化、文明和社会进步的强劲力量。

德育主体的创造性特征是其主体性的核心构成要素,是德育主体之所以为主体的最本质的表现。实际上德育主体从事德育实践活动的过程就是一个创造性实践过程。因为,人的“劳动是积极的创造性活动”。德育主体在德育实践活动中,不仅能反映生活,而且能创造生活。在德育实践活动中,德育主体的活动无疑是会受到活动客体及德育规律的制约、限制,但是德育主体从不囿于既定客体和规律,总是创造条件,改变环境,超越既有的现实去创造新的生活。从职业教育德育主体来看,教育者通过打造优良的教育环境,体现时代特征的德育内容、创新形式多样的德育方法,营造创造性技术技能人才成长环境;通过道德教育、政治教育和全方位多层次的实践活动,引导受教育者产生创造性行为及创造性人格的塑造。受教育者将外在的教育影响转化为内在的需要、动机、行为,创造性地完成自身人格的升华和形成正确的世界观、人生观、价值观。

(5)交往性

交往是人类的存在方式和活动方式。马克思主义认为,人类的任何实践活动都必须包括两种关系,即主体与客体之间的自然关系和主体与主体之间的社会关系。在《德意志意识形态》中,马克思对此进行了详细的论述。“人类活动的一方面——人改造自然。另一方面,是人改造人。”“生命的生产,无论是通过劳动而达到自己生命的生产,或是通过生育而达到的他人生命的生产,就立即表现为双重关系,一方

① 大卫·雷·格里芬编:《后现代精神》,王成兵译. 中央编译出版社 1998 年版,第 223 页。

面是自然关系,另一方面是社会关系。"①"交往是在一定历史条件下,现实的个人、社会集团、民族、国家之间以一定的手段为媒介的、互为主体和客体的相互往来、相互作用、相互联系的物质和精神交流活动。我们可以从两个维度来理解交往的这一概念:一个是横向维度,它反映了主体和主体之间的社会联系:另一个是纵向维度,它反映了主体间的这种联系是在主体与客体的社会实践活动中形成和发展。即交往范畴不仅仅表明主体与主体的关系,也不单单表明主体与客体的关系,而是主体之间与主客体之间关系的统一"。②

德育实践活动作为人类实践活动的一种特殊的存在形式具有明显的交往性,它是德育主体与德育客体和德育主体之间的交往活动的辩证统一过程。德育主体与德育客体之间的"交往"主要是指教育者和受教育者与德育客体之间的物质、能量、信息的交换过程,这一交往实现了德育主体的客体化和德育客体的主体化,即达到了"人化自然"和"自然化人"的双重结果。德育主体间的交往是德育主体交往性的最突出的表现。

在德育实践活动中,教育者和受教育者之间的交往,一方面构建德育主体之间的交往关系,这种交往关系主要指的是一种精神交往关系,因为,德育实践活动在本质上就是德育主体之间以言语和非言语符号系统为中介的精神世界上的相互作用和互相理解的过程,是德育主体间的灵肉交流活动,它包括知识和技能的传授、能力的培养、情感的培育和人格的塑造、生命质量的提升和生活内涵的领悟等,并通过德育文化的传递功能,将人类社会所创造的德育精神财富转化为德育主体的生命精神能量,使德育主体成为具有自由个性的个体德育生活主体和社会德育生活主体。

---

① 《马克思恩格斯选集》第1卷,人民出版社1995年版,第80页。

② 万光霞:《思想政治教育的人学基础》,人民出版社2006年版,第286页。

教育者和受教育者之间的交往,另一方面则有助于促成教育者和受教育者作为主体的完美人格的生成。它具体表现为四个层次:"一是个体通过交往互相教育,互相促成对方的人格生成;二是个人主体在自我反省交往过程中,监控、协调和促进自身人格的不断生成;三是个人主体在与群体的互动中进一步体认社会文化,接受社会文化的熏陶;四是个人主体在与人类主体的交往中,达到对自身的本质和价值的觉悟。"①

(6)对话性

对话是人类思想与真理诞生的原初样式和本真状态,它体现为一种和平的互动精神。雅斯贝尔斯认为,"对话是探索真理与自我认识的途径","对话是真理的敞亮和思想本身的实现……在对话中,可以发现所思之物的逻辑及存在的意义"。对话就是一种以互相尊重、互相信任和互相理解为基础、以寻求真知、创造意义和构建完满的精神世界为目的的人与人之间的平等交流和互相沟通的过程,它不仅仅是人与人之间的狭隘的言语交谈,更是人与人之间各自向对方的精神世界的敞开和彼此接纳,是一种真正意义上的平等的精神沟通与内在交融。

在德育实践活动中,德育主体之间的交流与沟通无疑是通过对话的方式实现的,这种对话不是简单意义上的言语应答,而是在平等基础上相互作用的一种形式。"真正决定一种交谈是否是对话的,是一种民主的意识,是一种致力于互相理解、互相合作、共生和共存,致力于和睦相处和共同创造的精神的意识,这是一种对话意识"。②

因此,在德育实践活动中,职业教育德育主体间的对话的特殊性就在于,它是教育者和受教育者之间精神世界的敞开与接纳,是双方

---

① 项贤明:《关于交往与教育的哲学思考》,《上海教育科研》1996 年,第 4 期。

② 腾守尧:《文化的边缘》,作家出版社 1997 年版,第 177 页。

在职业教育教学实践过程中实现情感的交流、精神的互通、思想的包容,从而实现“技术人”与“社会人”、“职业人”与“接班人”的完满融合。“教育作为一种直面人的生命、通过人的生命、为了人的生命质量的提高而进行的社会实践活动,具有提升人的生命价值和创造人的精神生命的功能。教育活动就其实质来看,是人类精神能力通过教与学的活动,在不同的主体之间实现转换和新的精神能量的生成过程。”①

在德育实践活动中,职业教育德育主体间的对话一方面表现为教育者与受教育者之间在知识、人格和精神上的互相交流、相互沟通、互相共享以及共同创造新的意义的过程;另一方面,德育主体之间的对话更是教育者和受教育者作为主体与世界优秀文化、中国传统文化、企业优秀文化、现代职业文化等精神能量的转换和创造性生成过程。“这种对话是以教师与学生、学生与学生之间的互相尊重、互相信任和平等交流为基础,双方之间互相倾听和言说,彼此敞开自己的精神世界,在平等对话和相互理解中,实现了教育主体之间的视界融合,获得了精神世界上的交流、沟通以及意义的创造、分享与增殖。从这个意义上来说,教育主体之间的对话是一种意义创造,它具有重新建构意义、生成新的意义的功能,是一个个体的意义理解从片面、狭隘走向全面、广阔的过程,也是一个个体的视界不断扩展、丰富和敞亮的过程。”②

(7)反思性

反思是人类特有的一种心智活动。因此,反思对于人的存在和发展至关重要,人正是通过反思才使自身产生出不断提升生活质量、不断完善精神世界的愿望的。“如果人类行为为不可转移的客观规律所支配,那么我们几乎不可能通过积极主动的参与而改变自

① 叶澜:《教育理论与学校实践》,高等教育出版社 2000 年版,第 138 页。

② 张天宝:《走向交往实践的主体性教育》,教育科学出版社 2005 年版,第 213 页。

己的历史……它忽略了哈贝马斯所说的人类主体的'自我反思'或'反思'。这就是说,它将无法适当说明人类之所以成为人的、不可或缺的基本特征之一。这是因为,我们作为个人以及更大范围内社会成员,具有反省自身历史的能力,并通过这种反省来改变未来历史的进程。"①

德育主体作为德育实践活动中最活跃的因素——人的因素,必须经常反思自身的存在状态,反思是德育主体存在的一种常态。因此,从某种意义上说,德育实践活动的展开过程,就是德育主体不断的反思过程。德育客体世界是一个每时每刻都处于变化和更新的世界,面对德育客体世界的变迁,德育主体必须对自身存在的合理性做出理论上的反思从而凸显出其存在的价值。如果德育主体把自身悬设于变动不居的德育生活之外,不经常反思其所处的生活和时代的特殊性和差异性,而将德育实践活动看作一种固定不变的德育知识的传授过程,用既定的德育理论去解释和回答层出不穷的现实问题,那么,德育主体就无法正确和科学地解答时代所提出的各种重大课题。德育主体的"反思"是一种辩证的否定、辩证的批判过程,是一种积极的扬弃过程。德育主体的反思过程,既是用已有的德育理论、方法、模式去理想性地引导德育实践不断发展的过程,更是在对德育生活的理解的基础上,反思、升华和批判已有的德育理论,不断获取自我生存能力和不断确证自我存在价值的过程。②

(二)职业教育德育主体构成与关系

1. 职业教育德育主体的构成

在现代职业教育体系中,德育主体既包括教育者,也包括受教育者。

---

① 邓正来:《研究与反思》,辽宁大学出版社 1998 年版,第 71 页。

② 于光:《德育主体论》,中国社会科学出版社 2010 年版,第 57 页。

(1)教育者

作为职业教育德育主体的教育者,包括职业院校、行业企业、政府、社会、家长在内,在各自的职责范围内,分别或者合作承担着育人的职责。

(2)受教育者

作为职业教育德育主体的受教育者,包括职业院校的全日制学生、学历继续教育者、技术技能短期培训者、职业资格证书培训者等在内。

2. 职业教育德育主体的关系

教育者和受教育者既是德育的主体也是德育的客体,是德育主体和德育客体的辩证统一体。

在现代职业教育德育过程中,教育者和受教育者之间的关系,是一种双向的、直接的、互为主客体的关系。所谓双向的,是指教育者不仅要了解和认识受教育者,受教育者也要了解和认识教育者;所谓直接的,就是教育者和受教育者之间的了解和认识,不需要经过中介,是一种"对象化"的认识活动。

教育者在德育实践过程中,必须全面了解和他交往、对话的受教育者,切合受教育者的特点,有的放矢开展德育工作。在这里,教育者是作为主体认识作为客体的受教育者的。对教师而言,这就是我们常说的备课中的"熟悉学生"。以前关于受教育者对教育者的认识注意不够,可能与传统观念中一直把受教育者作为被动的客体有关。德育过程不可能是教育者把他所理解的德育"注入"受教育者头脑的过程,而是经过受教育者自主选择接受的过程,受教育者必须了解和认识教育者,所以受教育者作为主体,也要认识教育者这一客体。

在德育实践活动中,教育者和受教育者作为德育主体所面对的最重要的德育客体是教育材料。教育内容(如文本、教材、课程等)是教育材料的重要组成部分,它们是作为德育主体的教育者和受教育者交往的中介客体。从表面上看,教育者和受教育者作为德育主体,与教育内容之间是主体与客体的关系,但是,从本质上说教育内容作为教育者和受教育者交往的中介客体,其实还不是纯粹的客体,在它背后还有一个潜伏的主体,即教育内容的创造者和设计者,这就决定了客体也以全新的意义与主体构成新的关系。

教育者和受教育者作为德育主体,与作为德育客体的教育资料之间的关系有着本质的区别。因为,师生与教育资料所构成的主客体关系,不是一种实践关系,而是一种认识关系。他们与德育资料发生对象化关系,不是要创造知识,而是要解读、理解它。就教师和学生对教育资料的认识而言,目的又有所不同。学生借助教师的指导帮助,认识教育资料,主要是为了发展自身;而教师认识教育资料,主要不是为了发展自身,而是将它作为一种工具和手段用于发展学生。

第二节　教育者

一、学校

党的十八大报告指出:“把立德树人作为教育的根本任务,培养德智体美全面发展的社会主义建设者和接班人”。立德树人,即教育事业不仅要传授知识、培养能力,还要把社会主义核心价值体系融入国民教育体系之中,引导学生树立正确的世界观、人生观、价值观、荣辱观。“立德树人”首次被确立为教育的根本任务,这是对十七大“坚持育人为本、德育为先”教育理念的深化,指明了今后教育改革发展的方向。

在现代职业教育体系中,职业院校作为首要的德育主体,其根本任务仍然是立德树人。职业教育德育主体的德育职能，主要由承担教学、管理、服务等职能的各部门及其教职员工各司其职来实现。

德育课程教学部门及德育课程教师、学生工作部门及学生工作队伍，是职业院校德育主体的主要组成部分，承担着职业院校德育工作的主要任务。德育课程教学部门及德育课程教师通过实施相关的德育课程，对学生进行道德、思想、政治、法制、心理等素质教育。学生工作部门及学生工作队伍通过制度管理、系部管理、班级管理等方式，对学生开展德育工作。

其他教学、管理、服务部门及其教职员工、党团群组织等，是学校德育工作主体的重要组成部分。它们在各自职责范围内，在各自的工作之中有意识地渗透德育的基本要求，贯彻“教学、管理、服务”全员育人理念，真正落实“立德树人”的根本要求。

二、行业与企业

职业院校与行业联系密切，行业制定的行业技术标准和行业规范，是职业院校德育的重要内容。行业专家受邀参与职业院校人才培养方案的制定与实施。这些充分体现了行业作为职业教育德育主体的重要地位。

职业院校与企业合作紧密，企业深度参与职业院校的人才培养工作，为职业院校提供学生实习的平台。学生入校初期利用见习周，了解企业理念、参观企业成果、观察员工工作，获得对企业的感性认识，对企业有个初步印象，尽早接触未来的职业角色，是非常必要的。学校可以到企业邀请往届毕业生中的成功校友回校现身说法，与学弟学妹分享他们的经验与快乐，榜样经历对学生而言既有很强的启发性，又有很高的可学性。毕业前的顶岗实习和岗前培训，让学生在实践中不断反思，听取一线工人的工作经验，认识自身的价值。

学生在企业实习实训过程中，接受企业文化的熏陶，有利于学生树立自信心，培养竞争与合作精神，养成良好的职业道德行为习惯，培养职业道德情操，做到敬业、爱业、乐业。此外，在行业和企业投资办学，开展职业技术教育的情况下，行业和企业本身就是职业教育德育的主体之一。

三、政府

在现代职业教育体系中，政府和企业多元办学的格局已经形成。各级政府作为职业教育的德育主体，主要是通过实施有关国家职业教育发展的法律或制定相关的法规、规章和政策，指导、监督、检查、评估、表彰、督促职业院校开展德育工作。

各级政府作为职业教育德育主体，还通过实施或制定有关法律、法规、规章和政策，引导、鼓励和支持职业院校和行业企业积极开展合作育人，促进就业，服务地方经济和社会的发展。

四、社会

陶行知先生深刻地指出："不运用社会的力量，便是无能的教育；不了解社会的需求，便是盲目的教育。倘使我们认定社会就是一个伟大无比的学校，就会有自然而然地去运用社会的力量，以适应社会的需求。"

学校德育的"5+2≤0"的现象，是指学生虽然在学校接受了5天的教育，但由于周末2天社会所带来的消极影响，学校教育的效果消失殆尽甚至还有副作用。因此，必须重视社会风气对学校德育和学生健康成长的重要作用。社会德育的有效开展，有利于形成良好的社会风气。作为德育主体之一的社会，应当承担起自己应尽的职责，遵循德育对象的品德形成发展规律，有效促进德育对象的品德形成发展。

社会德育应当在尊重个人利益的基础上，将个人的需要融入到社会整体目标中，从而将社会思想政治准则和法规道德规范转化为德育对象个人的品德，形成团结和谐共同发展的思想境界和文化环境，达到社会德育的目标。比如，社区是学生生活和成长的社会环境，充分利用社区的各种条件，挖掘整合、充分运用社区德育资源，优化社区德育环境，鼓励学生参与社区实践、文艺活动，扩大校外德育基地，如将福利院、敬老院等地方建设为学生校外德育基地，定期为其服务，使学生从中受到影响和教育，使以往处于"配角"地位的社会实践活动，变成实施学校德育活动的重要场所，形成人人参与、主体互动、和谐发展、富有实效的社区德育模式。

五、家长

"父母是孩子的首任启蒙教师，并且是伴随孩子成长的终身教师。"家长作为职业教育德育的主体，承担着特殊而重要的育人使命，学校教育离开家庭教育的协调配合，难以促进学生的健康发展。

虽然每个家庭的经济状况、家长的文化素质、与子女观念和做法均不完全相同，但每个家长都有教育好子女的共同心愿。然而，很多家长因忙于生计而忽视了与孩子的情感交流和沟通，将教育孩子的责任全部推给学校；有些家长对子女期望值过高，导致教育内容单一，过分关注学业成绩，而对子女的思想品德修养、心理健康缺乏必要的关注、引导和帮助；相当一部分家长的教育方法存在着物质满足多、精神给予少，娇惯宠爱多、严格要求少，体罚打骂多、说服教育少等误区。因此，提高家长的教育素质，纠正错误育子理念，改进育子方法，发挥家长教育的积极作用，使家庭教育与学校教育形成合力，对于孩子的健康成长成才，具有重要的意义。

第三节 受教育者

一、全日制学生

职业院校的全日制学生，是职业院校德育中"学"的主体。他们成为职业院校德育主体的原因如下：

(一)从职业院校德育目的和手段的关系来看

职业院校德育的目的是提高学生的思想道德素质，而这一目的必须通过学生自己的思想矛盾运动来实现。教育者的任务就是引发和促进学生展开积极的思想活动，提升学生自我教育的能力。学生自我教育能力的发展，又反过来促进自身更好地、更自觉地接受教育者的影响，增强和巩固教育的效果。因而，教育者的"教"只是促使学生思想矛盾运动和自我教育的一种外在手段，学生思想矛盾运动和自我教育才是内在目的。

职业院校德育的最终目的是使学生具备改造主观世界的主动性和自觉性，具有自我教育和自我控制的能力。如果学生都能自觉地进行自我教育，自觉地控制自己的行为，那么，职业院校德育的目的就达到了。因此，职业院校德育的目的内在地决定了学生自育主体的地位。

(二)从德育的过程看

德育是"教"和"学"的两个实践活动过程的统一。"教"的主体是教育者，其面对的客体是教育内容、教育目标、教育方法。作为教的主体，其主体性表现为：有选择地组织教育内容，将既定的教育目标加以分解，采用有效的教育方法，找出学生思想品德现状与社会要求的距离。

“学”的主体则是学生,其面对的客体则是教育者传授的教育内容、教育活动的目标以及教育者所采用的教育方法。作为“学”的主体,学生对“教”所传授的内容进行反思和有选择性地接收,对既定的教育目标进行审视,对教育方法能否有助于教育目标的达成或肯定或提出建议。即使是在“教”的过程中,学生也并不是完全消极被动的,来自学生方面的影响也有助于教育者主体性的提升。在“教”的活动中,学生会以各种方式,诸如提问、反驳、争论、探讨,甚至面部表情、情绪情感暗示等,影响教育者的情绪情感反应、语言反应和行为反应,在一定程度上会提升教育者教学水平。学生对给予适当反应的教育者会积极配合,从而使教学过程更有效。

在现代社会条件下,学生的主体性得到普遍提升,这既是对他们主体地位的确证,也是把他们定位为自育主体的时代根据。在现代社会的历史条件下,市场经济的建立和发展、开放的扩大和深化、全球化的发展以及社会信息化、文化多元化的发展都极大地提升了人们的主体性,学生作为未来社会的建设人才和栋梁,其主体性的提升是不言而喻的。如果无视这一客观事实,把学生仍然作为德育的客体,就不再具有历史合理性,也不能获得道德伦理支持。

二、学历继续教育者

这里的学历继续教育者,主要指接受职业教育的非全日制学生,主要包括成教、自考、电大、函授、夜大、职大、网络教育等社会在职学员,是职业教育德育主体的组成部分。他们大多承担着社会责任和家庭责任,对他们进行专业知识和职业技能教育的同时,不能忽视道德教育,甚至更应强调德育的重要性。

继续教育者一般都具有一定的学历或技术职称,在进入社会或参加工作之前,已在校接受过一定的道德教育,当他们用所学的知识去观察社会、实践人生的时候，发现在校所学的道德准则和规范与社会现实并不完全相符，于是对道德准则和规范产生迷茫与困惑，缺乏道德学习的动力。部分继续教育者，或思想政治素质相对较低，对党和国家的方针政策的认识不够，理解不深；或缺乏健康的个性心理素质，不能正确处理社会转型期理想与现实之间的矛盾，缺乏良好的心理调适能力和意志品质。

举办继续教育的机构，应该采取有力措施解决上述问题。发挥德育课程等人文学科塑造继续教育者完整人格和基本素质的作用，要求教师加强自身修养，真正把教育学员“做人”放在重要地位，教师在教学中应根据学员年龄较大和生活经历丰富等实际，采取适当的方法帮助学员在继续教育中获得良好的个性品质，提高承受与应对困难和挫折的能力。

三、技术技能短期培训者

参加技术技能短期培训的学员，要么是在职培训，要么是为从业做准备，良好的道德素质尤其是职业道德素质，对于其职业生涯的发展具有重要的意义。从这个意义上说，技术技能短期培训者也是职业教育德育的主体。

由于技术技能短期培训的培训期短，培训内容主要集中在提高技术技能方面，往往会忽视对技术技能短期培训者的道德教育。因此，举办技术技能短期培训的机构，应合理设计培训内容，有针对性地将德育渗透到培训项目之中，帮助学员在提升职业技能的同时，加强自身道德修养，增强职业道德意识，提高遵守职业道德行为规范的主动性和自觉性。

四、职业资格证书培训者

职业资格证书培训的培训期也比较短，由于其针对性强，目的明确，更容易忽视职业资格证书培训者作为职业教育德育主体的地位，忽视对参训学员进行专业法律法规和职业道德教育。

职业资格证书考试，一般都有相关法律法规和职业道德方面的考试要求。无论是职业院校，还是其他社会机构，在涉及职业资格证书培训内容的时候，应该重视对学员进行相关法律法规和职业道德规范的教育，帮助职业资格证书培训者更好地依法依规从事职业活动，或者做好从业的思想准备。

第三章

职业教育德育目标的层次性

时代的进步与发展,对职业教育德育目标提出了新的要求,对职业教育德育目标的重构也显得尤为重要。本章节通过对职业教育德育目标的内涵与构建依据的阐述,以职业教育德育目标的现状为事实依据,紧密结合现代教育与社会发展趋势,提出了构建德育目标的“三大”新视角,并以此为依据和出发点,将职业教育德育目标分为了四个层次,以加强对职业教育德育的理解,同时,也为德育实践过程指明方向。

第一节　职业教育德育目标的内涵与依据

职业教育德育目标,需要涉及到“德育”“德育目标”“职业教育德育”这三大关键元素。要正确认识和理解职业教育德育目标,对这三大术语中关键性的概念或内涵加以解说尤为必要。明确了目前社会对“德育”的界定与要求、“德育目标”在新时期的转向以及构建职业教育德育目标的依据,对职业教育德育目标而言,就显得越发清晰、科学。

一、职业教育德育目标的内涵

德育(moraleducation),有狭义和广义之分。狭义层面上的德育,仅仅是对受教育者的道德教育;而广义层面上的德育,则是在新时代背景下的,具有鲜明的时代特色、更体现育人本色与最终育人目标的,对受教育者在思想、道德、政治、法律、心理等多方面、多层次、多角度实施的教育,我们可以简称为"大德育"。从教育理念、内容、方式方法、目的与意义等方面来看,"大德育"已经成为时代发展与要求的必然趋势,更成为各类各层次学校培养人才的必然选择。

(一)德育

狭义的德育内涵,主要是指在中国古代传统的道德观念指导或者影响下的道德教育。它是通过用传统道德观念下制定的一系列行为规范来调整人与人、人与社会之间关系,它的出发点和归宿点皆是个人的品德教育,即期望提高个人道德水平来自主自觉地服从管理,为统治阶级、为当时的社会发展服务,其政治性和服务性特征十分明显。通过实施这样的德育,人们达到了作为社会人应有的要求,维护了社会道德传统和正常的社会秩序,更适应了统治阶级和当时社会发展的需要。在当时具有一定的合理性和社会价值,虽然满足了社会的要求,服从和服务于社会,但是就个人而言,却导致了受教育者内心与自由发展的失衡,这样的德育,从根本上说其价值没有得以真正体现。

广义上的德育内涵,主要包括政治教育、思想教育、品德教育、个性心理健康教育以及法律教育等等。20 世纪初"德育"一词传入我国,1902 年《钦定京师大学堂章程》中写道"外国学堂与知育体育之处,尤重德育"。1904 年王国维以"德育"与"知育""美育"三词向国人介绍叔本华的教育思想,1906 年又在论述教育的宗旨时将"德育"

“知育”“美育”合称为“心育”，与“体育”相提并论。1912 年蔡元培先生在《对于新教育之意见》一文中提出“五育”并举思想，这一思想是以公民道德教育为中心，德智体美诸育和谐发展的思想。毛泽东在《体育之研究》一文中，也提出德、智、体三育问题，1957 年 2 月毛泽东指出：“我们的教育方针，应该使受教育者在德育、智育、体育几方面都得到发展，成为有社会主义觉悟的，有文化的劳动者。”①社会在不断地发展与进步，在信息、文化多元化、跨国化的今天，德育被赋予了更为广泛的内容和更为深刻的意义。

（二）德育目标

关于德育目标，鲁洁与王逢贤教授在《德育新论》中，指出“所谓德育目标，就是指一定社会对教育所要造就的社会个体在品德方面的质量规格总的设想或规定。也就是说，在进行德育之前，人们对于要把受教育者培养成具有何种品德的人，在观念中所具有的某种预期的结果或理想的形象”。② 胡厚福教授在《德育学原理》中则进一步指出：“德育目标是德育的出发点和归宿，为德育活动指明了发展方向和前进目标，提供了蓝图和依据，指导、调节、控制着德育过程，从而使德育工作者在德育内容的确定、德育方法和形式的选择与运用、德育效果的检测与评定等方面更具有自觉性和目的性。因此，德育目标对自觉有效地进行德育工作有重要的指导、选择、协调、激励作用”。③

我国的德育目标从 1956 年开始，至今为止提出了十几种对德育目标的提法和界定。德育目标的研究历程主要集中在共产主义德育目标时期（1978—1984）、德育目标的“天上”与“地面”的争论期（1985—1988 年）、道德目标的规范化建设期（1988—2001 年）、德育目

① 杨国欣：《德育与思想政治教育比较及现实意义》，载《中国特色社会主义研究》，2009 年第 1 期。

② 鲁洁、王逢贤：《德育新论》，江苏教育出版社 2002 版，第 177 页。

③ 赵玉英、王典兵：《德育原理》，山东人民出版社 2008 年版，第 45 页。

标的科学化、人本化、生活化时期(2002 年至今)。颁布的纲领性文件如 1995 年《中国普通高等学校德育大纲(试行)》、2004 年《中共中央关于进一步加强和改进大学生思想政治教育的意见》、2005 年《关于整体规划大中小学德育体系的意见》等,都在显示着高校对德育目标的构建在不断成熟,其社会性更为凸显,也更加注重德育目标的分类化和层次化、个人发展与社会发展的完美结合。

对于德育目标的分类,学者们从不同角度和层面对德育目标进行了类别划分,并进行了比较分析,虽然分类的立足点不同,但总体来说,德育目标的分类是科学的。有学者结合德育目标的特殊性与阶段性的特点,将德育目标分为特殊性德育目标、阶段性德育目标、最终德育目标、以及类别德育目标。另有学者根据服务对象与实现程度,将德育目标进行比较分析,分为"社会本位的德育目标和个人本位的德育目标、内在的德育目标和外在的德育目标、理想与现实的德育目标"三组目标,并对各类目标进行了详细地比对和概述。对于德育目标的分层研究,学者们根据不同的教育对象、教育范畴、职业特征等等进行层次上的划分,使道德目标类别丰富并层次多样。按照这样的理解,新时期的德育目标就必须把个人本位和社会本位有机地统一起来,即兼顾个人发展和社会发展,在满足社会发展的基础和前提下,更充分地实现个人价值与社会价值的辩证统一,以及自由而全面的发展。

(三)高校德育目标

教育必须为社会主义现代化建设服务,必须与生产劳动相结合,培养德、智、体、美、劳等方面全面发展的社会主义接班人。这是党的教育总方针,高校德育目标的确定必须服务于此。在"以人为本,德育为先"的号召与理念指导下,高校德育目标的确定必须坚持并实现"三个面向”,即面向现代化、面向世界、面向未来①。

高校德育目标,我们大致可以从道德、法纪、政治、思想等四个方面达到的道德素质目标、法纪素质目标、政治素养目标、思想素质目标等子目标来认识。道德素质目标,具体而言,要求受教育者应该做到诚实守信,爱岗敬业,具有较高的道德素养与水平,能坚守自己“做人”的原则与底线。法纪素质目标,则是应该在道德素质水平基础上,具备一定程度的法律常识,遵守相关的纪律规章制度,做到严于律己,成为“知法、守法、懂法、护法”的好公民。政治素养目标即通过对国家政治体制、战略决策等的科学认识与现实把握,具备一定的政治素养,并具有相对应的政治抱负。思想素质目标,则是对人生指导思想的认识与坚持,提高自己的政治觉悟和素养,树立符合自身发展与社会发展的人生观与价值观,充分实现自身的最大价值。

(四)职业教育德育目标

高校德育目标具有普遍性,各类各层次高校需要根据自身实际做相应调整,要体现德育目标的针对性与特殊性,要符合学校以及学生层次的发展规律和需求,在最大程度上保证高校德育目标的实现。但是,对于职业教育德育目标来说,这样的一种普遍性或者普及性,并不能彰显出职业院校应有的特色与内在的价值。职业教育因为有“职业”两字,所以显得与众不同,而且特点十分鲜明。我国的职业教育发展至今,其人才培养目标、办学理念等已经逐步成熟,各层次的职业教育所制定的人才培养目标都有几大相同的要素:市场、学生就业、企业或者行业对人才的需求以及相应的素质要求、职业技能。职业院校都以上述要素为基准进行人才的培养,且成果也十分突出,职业教育的

① 崔雅男:《和谐社会视域下的高校德育目标构建研究》,哈尔滨师范大学硕士论文,2010 年 5 月,第 13 – 15 页。

优势日益凸显,社会对职业教育的认识也逐步改变。但是,社会对职业教育也提出了高标准和高要求。目前发展应用型本科高校是一种趋势,“应用型”是普通本科院校与职业技术类院校的优势互补,与“职业”有异曲同工之妙。随着国家、社会越来越重视职业教育,社会各类各级各领域的企业对高校的德育效果肯定与质疑并存,我们对德育目标的制定与构建进行反思与探索也是一种必然。

综上所述,我们可以这样定义职业教育德育目标:各类型各层级的职业院校结合自身和学生发展特点,以市场为导向,以职业道德教育为核心,以培养学生的敬业、就业、创业意识、精神、能力等为重点,以校园文化建设为载体,以企业或者行业所需人才质量或规格为基准,通过对受教育者进行职业政治教育、职业道德教育、职业健康教育等等,并与思想政治教育、道德法纪教育、心理健康教育等紧密配合,辅之以社会实践活动、特色校园文化建设、网络教育、社会实践等多种途径,把受教育者培养成为高素质、高技能型人才,让他们争做合格公民、合格职业者、合格接班人,并最终成为全面发展的自由人,更好地服务于当地区域经济的发展和建设,服务于我国的特色社会主义事业建设。

职业教育德育在内容、方式方法上与其他类型的高等学校差异还是比较小,只是所面对的受教育主体良莠不齐,其个体差异性要明显高于本科院校学生,这是一个发展难题。另外,在整个德育中,理论的相对不足是所有职业院校学生都面临的重要问题。不管何种层次和级别的职业院校,对德育目标的确立和构建都要建立在学校、社会、企业等的需求上,符合它们以及其他产业的用人要求,德育目标才能顺利、高效地实现,帮助职业院校学生走得更远。

二、职业教育德育目标的依据

在明确了什么是职业教育德育目标后,对职业教育德育目标的构建和确立需要足够的依据支撑。无论是理论依据还是实践依据，都是确立职业院校德育目标的原则问题。纵观德育目标30多年来的发展，在其构建依据的科学性、合理性基础上，德育目标的层次性、阶段性、系统性、社会发展与个人发展的同步性等得到了不同程度的实现。

（一）马克思的全面发展理论

人的全面发展理论是马克思主义的核心内容与根本价值目标。马克思、恩格斯在《德意志意识形态》一书中第一次正式提出人的全面发展观点。马克思指出："人的本质是一切社会关系的总和，并不是单个人所固有的抽象物。"马克思所指的全面发展首先是"体力和智力获得充分的自由的发展和运用"①。而教育必须"培养社会的人的一切属性"，即德、智、体、美等各方面能力和谐发展。虽然说，马克思关于人的全面发展理论对人的全面发展的实现是有条件设置，从生产力水平、阶级状态以及人与人之间的关系来最终决定其实现与否或者是实现程度，可以说，人要实现全面发展甚至是全社会、全人类的共同发展，是一种理想状态，是达到共产主义后的成果体现。但是，经过对这一理论的科学认识、准确把握和特殊转化，在有些发达资本主义国家和社会主义国家，他们的人才培养与教育体系已具雏形，并在不断地成熟和完善，成为其他国家借鉴的版本。就我国而言，随着教育体制的改革，当代教育除了重视智育外，已经将德育作为重中之重，在德育内容和形式多样化的实践环节，也添加了美育等一系列新元素，新时代的德育已经将对人的综合素质能力作为教育重点，以提高综合素质，促进和保障人的全面发展，获得可持续的发展能力。

从德育理念、职业教育德育目标的发展轨迹，可以清晰看出，社

① 马克思，恩格斯：《马克思恩格斯选集》第3卷，人民出版社第1972年版，第322页。

会的变迁带动着德育的整体变化,人的全面发展理论也不例外。它所具有的时间和空间的局限性,也提醒着"全面发展"的深度和广度,也提醒着德育的主客体该如何认识自我、完善自我、提升自我,领导管理机构该如何做出变通和调整,以适应整体局势的发展,并符合局势发展所需的人才素质要求,最终达到个人与社会的和谐统一。

(二)中国传统文化中的优秀道德伦理思想

将中国传统文化中的优秀道德伦理思想作为职业教育德育目标的理论依据,是由德育的内容、目的决定。任何一种思想都要追溯其理论渊源,为其找寻历史铺垫。纵观我国德育目标的历史发展,德育的目标首先在于对人的德性与德行的培养和塑造,以高标准、高水平的个人德性和自主自觉地实施德行,为社会统治阶级和社会发展服务。中国传统文化中的优秀道德伦理思想在任何阶段以及个人和社会的整个意识形态领域都有着潜移默化的影响。中国传统文化源远流长,博大精深,我们要科学地对其有所摈弃,取其精华,弃其糟粕,方能发挥其价值。

从奴隶社会到封建社会,在阶级等级划分严格,且尊卑观念十分严重的社会背景下,其道德教育具有强烈的政治性。最具有代表性的即"人伦"教育。"人伦"教育是其德育重点,"三纲五常"是必须遵循的,父子有亲、君臣有义、夫妇有别、长幼有序、朋友有信是其目标。尤其是在封建社会时期,儒家思想作为主流意识形态,发挥着引导整个社会思想走向的作用。以孔子为代表的儒家思想,将"仁"作为最高的道德标准和境界追求,仁、义、礼、忠、恕等是其德育的内容和具体的目标。最具有代表性的是汉代董仲舒建立的"三纲""五常"的道德观念,一直影响到封建社会末期。"三纲",即"君为臣纲,父为子纲,夫为妻纲"。"五常",即"仁,义,礼,智,信"。这一道德观念因为其强烈的政治性，在封建社会占据了重要地位，成为当时社会的德育衡量和评价的标准。尽管有人对其提出了不同意见，但是鉴于其主导地位，除了随着历史的变迁在内容上稍有调整外，其他并无多大改变。

封建社会向半殖民地、半封建社会转变时期的“救亡图存、富国强兵”的德育目标。因为社会性质的改变，封建社会的传统思想的主导地位开始动摇，西方思想开始出现在我国的意识形态领域。思想的转型，不得不提到“洋务运动”“资产阶级改良派”和“资产阶级民主革命派”，因为他们的存在，加速了封建社会的瓦解，促进了思想的进步和民族的觉醒。洋务派是封建主义、大地主、大资产阶级的典型代表，他们主张“中学为政治”，但其为统治阶级服务的传统仍旧根深蒂固。资本主义改良派的德育目标是“救亡图存”，以康有为、梁启超等发动的维新运动为典型，他们主张“公德”“国家思想”“进取精神”“权利思想”等资产阶级道德思想。维新运动给人们带来的新的思想，启发和鼓励人民反对封建主义、帝国主义的行为是值得肯定的。以孙中山为首的资产阶级革命派，他们指出德育目标的核心是培养学生的爱国主义和民主主义情操，培养学生的博爱思想。孙中山、蔡元培主张学生思想自由，人人平等，树立平等及劳动观念，其宣传的思想成为新型德育目标的重要元素，这对于在和谐社会背景下重新建构德育目标有非常重要的借鉴作用。

(三)“以人为本，德育为先”的现代教育理念

党的十六届三中全会通过的《中共中央关于完善社会主义市场经济体制若干问题的决定》指出：“坚持以人为本，树立全面、协调、可持续的发展观，促进经济社会和人的全面发展。①”这是我们党适应新世纪、新阶段全面建设小康社会的客观要求所提出来的科学发展观。科

① 李培林：解读十六届三中全会精神：论中国新发展观，http://www.lackup.net，2013年12月8日。

学发展观不仅对社会提出了全面发展的要求，而且对人的全面发展提出了要求，科学发展观的本质和核心就是要坚持以人为本。[①] 在十八大会议上，习近平提出了“育人为本，德育为先”的教育理念。无论是“以人为本”还是“育人为本”，其宗旨都是为了学生，把学生和教育培养学生放在首位。以人为本，对职业院校的教育而言，即一切以学生为重，学生在教育中占据着主要地位。在教育实施过程中，教育者与被教育者都是作为教育的主客体相互影响的。学校的教育与人才培养，均是为了实现学生的成长成才，培养高素质技术技能型人才，满足社会发展、学校发展以及个人发展的要求。

“德育为先”又作何解释？德育历来在我国的教育体制中就有着举足轻重的地位，在社会主义教育体系中，缺少了德育，是不完整的。而且，德育在整个教育体系中的作用与意义并非如此简单，德育是对小至一个公民、大至整个国家的意识形态的塑造与民族精神的体现。把德育放在首位是时代的要求、是社会发展与进步的要求，是教育规律与受教育者自身规律发展的要求，是与世界同步的要求。

“以人为本，德育为先”的现代教育理念，是充分考虑了人的主体性与德育的首要性两大因素，为中国特色社会义事业建设培养人才。在具有鲜明时代性的教育理念指引下，我们更应该将我们德育目标，尤其是职业教育的德育目标的阶段性与层次性凸显出来，在对受教育者进行人才培养的过程中，针对学生的个体差异性进行个性化的教学，在普遍性与特殊性这样的辩证关系中，将我们的德育目标进一步科学完善，为培养合格公民、合格职业者以及社会主义建设的合格接班人和全面发展的自由人而不懈努力。

---

① 中共中央关于完善社会主义市场经济体制若干问题的决定，http://www.lackup.net，2003年10月14日。

第二节　职业教育德育目标的现状与新视角

职业教育的人才培养目标随着社会的进步在日益丰满，其显著的职业化、社会化特征显示着教育类型的不同。职业教育德育，作为人才培养体系中的重要组成部分，该目标的构建情况、实施进展、达到程度、社会与企业满意度如何等等，均关系到整个职业教育目标的实现。另外，我们可以在既有现状基础上，结合社会发展趋势与职业教育规律，寻求新的视角，以更好地构建职业教育德育目标并高效能、高效益实施。

一、职业教育德育目标的现状

从 1995 年颁布实施的《中国普通高等学校德育大纲（试行）》纲领性文件中第一次提出"德育目标"开始，德育目标就与社会、学校、企业（行业）紧密相关。我们虽然有坚实的理论构建依据，但是，职业教育德育目标在整个构建与实施过程中仍旧存在着一些问题，阻碍着整体的良好运行，需要寻找新的视角，来打破僵局，获得更具有生命力的发展。

（一）德育目标太过理想化

德育，对大学生而言是一次精神的洗礼与主体性道德人格的培养、塑造，本身而言，就具有一定的理想化存在，一定的理想化的存在是科学且十分有必要的。对人的精神层面的建设，虽然源于社会发展需要，但是必须要有一定程度上的超越。这就要求德育主客体对德育目标的设置等有正确的把握和科学的调控，以防止其成为一种空想。在德育的进展中，有部分学校片面强调道德规范认知，将道德规范、原则等高高地挂在了天上，只注重了道德的"精神世界"的境界培养，而逐步地或者远远地疏离了道德的"生活世界"的本质，道德教育没有回归到生活本真。高高在上的道德目标无法落地，"远而空"的德育目标，其指导生活、指导道德实践的意义难以体现。太过理想化的德育目标也与社会现实与发展相脱节，更与德育主体的人生发展和价值体现相背离。

（二）学校德育与社会实践要求之间的反差

德育目标应该是学校德育与社会实践的有机统一，因为其社会性，学校德育最终目的是通过对学生实施德育，以符合社会发展要求，满足社会发展需要，从而促使个人的自由全面发展，最大程度上实现个人价值。而现实却并非如此。学校的德育以自身文化作为基础展开教育，主观性地将自身与社会相隔离，其所灌输的道德规范、原则等与社会复杂的道德现象与道德实践存在反差，即理论与实践之间的辩证关系不复存在。同时，让初入社会的大学生心生质疑，也无疑影响了大学生的心理健康，以及造成了社会对学生、对学校德育的不信任与低认可。

（三）德育目标高与低、利他教育与利己教育不平衡

科学合理的德育目标应该符合德育主客体的实际情况，设置目标要高低平衡；应该更加注重人的发展，在社会本位与个人本位之间找到平衡点；社会规范和个人品德的养成应该同时兼顾，并且不能过分地强调社会利益而忽视了个人利益与价值。个人利益和价值的适度实现，能进一步促使社会利益的实现。有部分学校没有根据自身实际以及受教育者的水平来设置德育目标，设置的德育目标忽高忽低，或者高低标准比例不恰当，盲目地追求高标准，导致德育活动的失效和低效能。就职业学校学生与普通高等本科院校的学生相比，两者的整体素质水平是不一样的，前低后高。如果学校在设置德育目标时，没

有考虑到主客观因素，职业院校按照本科院校的标准设置，对于职业院校的学生来说，就有点不切实际，当然，最后目标实现情况也不容乐观。目前德育目标在利他与利己的教育上也是不平衡的。虽然现在国家提倡并强调，要培养全面发展的学生，但是，从职业院校的职业性来看，学校或者教育主体，更多考虑的是对受教者的利他教育，利己教育在德育内容中被人为化地忽略。这对受教者以及教育本身来说，是不公平的，也是不合理的。

（四）重理论教育忽视基础德育实践

在德育的理论教育与实践检验的问题上，部分学校并没有很好地处理和解决这个问题。理论教学和实践教学是一体化的，理论的学习需要有实践的检验。而基础道德实践有可能显得微不足道，但是其对德育理论的检验却十分重要。基础德育实践在学校教育体系中，可以理解为团体活动、社会实践、心理健康教育活动等的开展，缺乏德育实践或者德育实践不足，给受教育者的主观体验就不是那么的深刻，且理论教育显得苍白无力，底气不足。重理论教育的另一大结果，就是容易造成学生的“纸上谈兵”，根本无法灵活运用相关理论知识来解决现实生活问题。因为实践经验的不足，也导致部分学生处理问题能力不强，进入职场后，与他们之间的矛盾冲突不断，在面临诸多难题的时候，学生也就成了理论的巨人，实践的矮子。

（五）开放性不够

德育目标必须根据社会的发展与需要、受教育主客体的具体情况而进行调整和改变。在与时俱进的现代社会，要求德育的内容、目标、模式等在发扬我国优秀传统文化的同时，也要与社会同步，且要逐渐向“国际化”发展。在多元化的文化背景下，我们的德育也更应该有长远目标，不能仅仅立足于我国，其他国家的先进思想和宝贵经验，我们也要选择性地借鉴。因为经济发展的区域性不均衡，也导致我们的德育目标出现区域性不均衡的特征，经济较为发达地区的德育目标其开放性更为明显，而欠发达地区则保持原状，教育者与受教育者都期待我们的德育目标能更加国际化而不失本国、本地特色。开放性不够，难以实现德育目标与先进思想的融合、接轨。

二、职业教育德育目标的新视角

职业教育德育目标的新视角，主要以职业教育德育的最本质目标出发，根据现有问题，结合时代的要求与职业教育发展规律、特色，为职业教育德育目标的重构寻找新的切入点与落脚点，实现德育工作的高效能，培养出符合现代市场经济发展的伦理观念要求的、社会本位与个人本位相结合的、具有健全人格的、能和谐全面发展的学生。

（一）现代市场经济发展的要求

现代市场经济发展的要求，对职业教育德育目标的重构来说，是一种新的理念与实践指导。德育具有时代性的特征，其内容和目标都与时代要求紧密相连，脱离了社会发展对人才素质的要求，这样的德育是不成功的。职业教育因其特殊性以及对社会区域经济较强的服务性，更需要与社会、与时代的发展高度保持一致。原有的职业教育及其德育在与社会接轨的过程中，有一定的滞后性。现代职业教育以及德育工作，都要求体现时代性与现代性，与社会、与世界发展并轨。现代市场经济与传统计划经济体制的最大区别在于前者的公正、公平与自由竞争性。现代市场经济提倡并号召平等、权利与义务合一、公平竞争、诚实守信、爱岗敬业。要保证市场经济的有序与正常运行，需要将市场经济的要求等作为市场主客体的行动指南。职业院校的学生作为市场经济发展的弄潮儿，更应在学校里就进行相关知识的学习和素质的培养，知道人与人之间的平等与公平竞争、自身的权力与义务,学会为人、为事的诚实守信,做到对职业、对岗位的热爱,并将自身的职业向事业转化,这是一种态度,更是一种能力。

(二)社会本位与个人本位的统一

社会本位与个人本位的统一是对职业教育德育目标的新要求,从这一视角进行目标的分析与构建,可以培养受教育者主体性道德人格,可以为德育工作提供更有价值的改进措施。原有的职业教育及其德育目标,他们的定位都是为社会服务,"社会本位"的职业教育,让职业院校缺少自己的发展,相应的教育体系也缺乏创新、无特色与亮点,职业教育者与受教育者在整个过程中,个性被抹杀,个人的主体性意识较为薄弱。职业教育德育的目标到底是社会本位好,还是个人本位好,曾一度成为争议的焦点。纵观我国德育目标的变化过程,我们可以看到,"社会本位"在慢慢地让位于"个人本位",这是社会发展的趋势与要求。要实现人的全面和谐自由的发展,必须落实到单个人身上,激发个体的主体性意识,以个体的发展带动、促进全社会的发展。我们在教育过程中,要培养受教育者的社会服务意识,但是不能忽视其自我满足要求,即实现受教育者利他主义与适度利己主义的统一,实现对社会奉献与个人利益满足的平衡。这对任何类型和层次的职业院校都具有普适性。

(三)理论教育与基础实践的辩证统一

理论教育与基础实践的统一,主要是从德育实践的角度来完善德育目标或者实施德育目标,是对德育理论的实践过程。我们在前面已经阐述德育的理论教育与德育基础实践之间的脱节,对德育的理论教学过多,实践教学太少甚至没有,对教育者而言,缺乏操作性的理论,没有挑战性,可以不用再更新与完善,也不用找不足,照本宣科即可;对于受教育者而言,如山的理论,缺乏实践的可能,只是一纸空谈,没有任何吸引力,更难以调动其积极性与能动性,认为这样的德育可有可无。当进入社会,面临复杂的社会道德现象和道德问题时,因为基础实践的匮乏,导致他们无所适从,不知该如何面对和解决矛盾与难题,也不知道该如何维系人与人之间的复杂关系。诸多的不适应和难题,让他们对学校德育的理论教育或者方式方法等产生不信任,这样的不信任会产生连锁反应。让企业(行业)对学校的教育内容、教育方式方法、教学效果等产生质疑,所造成的负面影响,对校企合作的进一步开展不利,这就需要实现两者的辩证统一。实践教学在大中小学校都在尝试着进行,尽管方式多样,但其意义与价值非凡。在职业教育德育过程中,做到理论教育与基础实践的辩证统一,对于德育目标的构建与实现程度而言,均有着重大的作用。这一新的视角在提高职业教育德育工作的效能的同时,也为德育主客体提供了自我发展、自我提升、自我完善的空间,也进一步促使了德育目标的顺利实现。

第三节 职业教育德育目标

从本章的前面部分对职业教育德育目标的内涵与依据、职业教育德育目标的现状与新视角的概述中,我们可以明显感觉到现代职业教育及其德育目标的新变化与新要求。从上至国家政策规定、下至职业院校与职业教育德育主客体的贯彻实施,职业教育德育目标的构建及其实现,关系着学校、学生、企业(行业)、社会乃至整个国家的可持续发展。职业教育对人才的培养目标和德育目标的一致性和不可分割性,对德育目标的构建在一定意义上说就是对人才培养目标的构建。现在的德育已经不同于传统意义和形式上的德育,它被赋予了更多时代的新内容,其层次性也更为明显。

一、合格公民

我国在新时期的德育目标的转向是培养合格公民。借鉴国外发达资本主义国家还有发达社会主义国家,他们的德育目标,均是以培养合格的本国公民作为首要目标,在成功培养合格公民的基础上,再进行其他方面拓展培训。任何一个国家,如果公民缺少了其主体意识,这样的国家是不会长久存在的,或者说,这个国家的教育是失败的,其民族精神、凝聚力和自豪感是极度匮乏的。

我国的传统文化一直强调对社会、对国家的奉献,虽然其政治色彩浓厚,但是,对当时的国家发展来说,确实有其值得肯定的地方。随着社会性质的变化,社会对德育目标也有重新的认识和界定,逐渐意识到社会公德固然重要,但是个人私德却不能就此忽略或者有所怠慢。对个人私德的塑造和培养,是社会公德得以提高的重要基础。在"公德"与"私德"两者之间如何做权衡,是社会主义教育体系中德育要考虑的重点和难点。因为现实告诉我们,我们在对公民"公德"与"私德"培养之间确实存在冲突,也成为法律或者社会舆论无法监督的灰色地带。

合格公民是职业教育德育首要层次目标。合格公民,从人的本性出发,是对人的社会属性的充分展示和体现,即成为"社会人"。对学生而言,即能成功实现角色的转变,从"学校人"成功转型为"社会人"。任何公民,都应该知道自己的责任、权利和义务。其次,任何国家对自己国家的公民都有不同程度和标准的等级划分,对公民最基本的要求就是"合格"两字。我们从德育角度对合格的判断,即看其是否符合公民道德和社会公德的要求。社会公德,从作为全体的社会成员和作为单个的公民范畴都是具有普适性的,即处理个人与社会、人与人、人与自然关系的底线道德,是公民道德建设的基础。公民道德建设的对象是面向全体公民的,大学生作为具有较高素质的群体公民,在公民道德建设中具有相当大的影响效应和潜在渗透能量,它既展示着公民的个人修养水平,也标志着社会文明进步的程度。

合格公民,虽然看似简单,但是真正要做到却并非轻而易举之事。新世纪全面加强我国公民道德建设的纲领性文件《公民道德建设实施纲要》中的"爱国守法、明礼诚信、团结友善、敬业奉献"这十六个字,以及在中共十八大会议上,习近平强调:"要加强社会主义核心价值体系建设,积极培育和践行社会主义核心价值观,全面提高公民道德素质,培育知荣辱、讲正气、作奉献、促和谐的良好风尚""倡导富强、民主、文明、和谐,倡导自由、平等、公正、法治,倡导爱国、敬业、诚信、友善"等,都朝着培育社会主义核心价值观迈出了重要一步,更是衡量和判断公民是否合格的准绳。这是对公民道德的制度化和规范化,具有极强的普适性,这既可以针对群体,也可以针对个人。对个人而言,只有并且必须全部满足后,才能称之为合格公民。

爱国守法,即热爱祖国,遵守法律,是对受教育者进行的爱国主义教育与普法教育,是对受教育者的集体主义精神与法治意识的培养。不同类别和层次的受教育者要知道什么是爱国,该如何理性爱国,要知法、守法、用法、护法,维护国家法律的权威。这是作为公民最基本的素质要求。

明礼诚信和团结友善,即知礼节、诚实守信和团结互助、友好和善,是对受教育者待人接物、为人处事的基本原则。我国作为具有五千年优秀传统文化的国家,随着社会的进步以及文化的多元化趋势,知礼节、重礼数、诚实、讲信用已经成为文明的标签,同时也被赋予了新的时代意义。对职业教育而言,职场礼仪等已成为教学的重要组成部分,尤其是对酒店管理、航空服务、旅游管理、文秘等特殊专业而言,教学与考核等过程都十分严格,对学生来说,不仅仅要知道相关原理,更重要的是要学会如何灵活、创新地运用。诚实、讲信用不仅仅是一个人的人品问题,更是反映整个社会的道德信任问题,反映着人与人之间的信任,公民对社会、对国家的信任。无论何种程度的信任危机,都可能导致社会的动乱不安、国家的停滞不前。要做到团结互助、友好和善,需要公民具有合作意识和集体主义观念,做到精诚团结,互帮互助;无论在任何环境中都以友好和善的态度对人、对事,做到与人为善,和平共处,处处彰显大国风范。

敬业奉献,即对我们的学业、职业、事业等的敬畏之心与对社会、对他人的奉献之情。对敬业而言,作为社会公民,都应该有敬业之心,有了敬业,才能更好地从业、就业,将职业转变为自己的事业,为中国特色社会主义的建设奉献力量。

二、合格职业者

合格职业者是职业教育德育的第二层次目标。职业院校肩负培养面向生产、建设、管理和服务第一线需要的"下得去,留得住,用得上",实践能力强,具有良好职业道德的高技能人才的重任。这就要求职业院校加强对学生进行职业道德教育、提高学生的职业道德水平与职业道德素养,培养其职业创造力,塑造良好职业形象,为学生的就业奠定基础,另外,提高学生职业心理素质,尤其是耐挫能力、抗压能力等等,让学生在就业过程中学会调整情绪、学会缓解压力,学会在逆境中自我成长,成为一名合格的职业者,成功实现由"学生"向"职业人"的角色转变。

对于何为"职业人",学者们经过研究虽然有不同的定义和描述,但是在职业人是职业教育的深层次目标上却具有一致性的认识。王锡耀在浙江育英职业技术学院的《"职业人"培养方案纲要》中指出"职业人是一种理念,是对高职教育做出的深层次的一种理解,是对专业和职业的相互关系的另一种认识”[①]。唐冬生和罗敏杰认为“职业人是自身具有一定的知识和技能以及基本的职业素养,积极参与社会分工的,通过为社会创造财富而获取合理报酬的一类人”[②]。当学生具备作为职业人的基本要求和素质后,对于如何成为一名职业人,如何做好一名职业人,除了需要尽快进入角色外,更重要的是要严格遵循职业道德、从业规范等相关原则。

我国《公民道德建设实施纲要》中也指出:“职业道德是所有从业人员在职业活动中应该遵循的行为准则,涵盖了从业人员与服务对象、职业与职工、职业与职业之间的关系。随着现代社会分工的发展和专业化程度的增强,市场竞争日益激烈,整个社会对从业人员职业观念、职业态度、职业技能、职业纪律和职业作风的要求越来越高。要大力提倡以爱岗敬业、诚实守信、办事公道、服务群众、奉献社会为主要内容的职业道德,鼓励人们在工作中作一个好建设者。”

与公民道德规范要求相比,合格的职业者新增加了三点要求:爱岗敬业、办事公道和服务群众。爱岗敬业,强调的是对学生所选择岗位的热爱和对该职业的尊重和敬畏,这是对职业的一种态度。这是学生对职业、对岗位的态度问题。越来越严峻的就业形势,越来越挑剔的用人单位,越来越精细的社会分工,都需要毕业学生学会在选择岗位和职业前的慎重与选择后的坚持,并要对所选择的岗位和投身的职业或行业充满激情,以饱满的工作热情投入到自己的职业发展中,这样才能调动其积极性,才能产生经济效益与社会效益。

---

① 王锡耀:《职业人培养方案的制定与实施》,载《职业教育研究》,2010 年第 7 期。

② 唐冬生:《高职院校“职业人”培养模式的构建》,载《教育理论与实践》,2010 年第 9 期。

办事公道和服务群众是对工作应坚持的原则。在职场中，作为职场新人，是否已经做好了面对复杂职场环境与人际关系的心理准备，是否能做到办事公道、不徇私枉法，面对诱惑，坚持立场与原则，是否能全心全意的服务群众等等，对新人来说，都是不小的考验。而解决这些难题，都可以在学校的德育过程中完成。这一阶段学校对就业与择业前期的引导、教育与心理疏通、辅导等十分重要。

三、可靠接班人

可靠接班人是在十七大上对教育与社会青年提出的新要求，要贯彻落实科学发展观，做培养中国特色社会主义事业合格建设者和可靠接班人。可靠接班人是职业教育德育的第三层次目标。在将学生或者受教育者培养成为符合社会公民和职业人的最基本条件的前提下，在理论素养和实际行动上所需要达到的深层次目标。

这一目标实现的环境已经逐渐脱离了学校教育的“温暖舒适”，更多的是作为职场新人，在复杂的职场环境与社会“大染缸”中，如何学会抓住机遇、把握时机，对自我进行职业生涯规划，在事业上打出一片属于自己的天地。如何学会应对社会纷繁复杂的人际关系，学会处理各种难题，努力实现自己的社会价值，为社会主义建设贡献自己的力量。

从理论素养层面来看，要成为社会主义事业的得力接班人，职业院校的理论与思想指导教育十分重要，这一子目标的实现，绝大部分要在学校完成。职业院校的核心价值及根本任务就是培养高素质、高质量的技术技能型人才，用社会主义核心价值体系武装青年，充分发挥社会主义事业建设指导思想的引领作用、社会舆论的推动作用、精神激励作用以及文化支撑作用，促使学生提高政治理论素养，增强中国特色社会主义的理论自信、道路自信与制度自信，培育和践行社会主义核心价值观。只有从政治思想上与社会主义建设高度保持一致，并有自己的领悟与解读，自主自觉地用党的指导思想来引导自己，才能以满腔热血投入到具体的实际工作中，成为思想和行动上的巨人、强人。

从实际行动层面来看，要实现具有较强行动力的有为青年，社会的历练与成长不可或缺。这一阶段的历练，学生角色已经发生了实质性的变化，学生已经脱离学生气，由单纯的“在校生”角色，转为并完全融入“职业人”角色，顺利度过和摆脱了初入职场的青涩。角色的成功转型，是社会主义事业建设与发展的需要，更是职业人在自己所在行业领域崭露头角、前途无限的重要开始。通过历练，他们已经完全符合企业、行业对人才素质的要求，已经融入集体、熟悉业务，在复杂的职场环境中游刃有余，对自己的职业生涯制定了科学的发展规划，在职业或者行业中已经有了一定的发展。他们的成长过程，也就是符合社会发展与建设要求、符合自身能力不断提升要求的过程。

四、全面发展的自由人

发展的最终目的，是实现人的全面而自由的发展。这是职业教育德育的第四层次目标，即最高、最终目标。全面，即德智体美劳多方面发展，理论储备与技术技能的发展，理论研究与实践的发展。自由，则是精神境界的最高追求。自由，是法律约束下的相对自由。精神境界，是德性与德行的统一。正如德国伟大的哲学家康德所说的一样，他这一生最敬畏两样东西：一是头顶璀璨的星空，一是自己内心的道德准则。这是对客观世界的自然规律与人的主观世界的道德律令的敬畏。人的全面而自由的发展也离不开对社会发展规律与人的发展规律的敬畏之心。人的发展不仅仅是指单个人的发展，它代表着对全社会的全面发展。人在全面发展的基础上，才能有向自由的目标奋进的可能性。

习近平总书记就加快职业教育发展做出重要指示,强调职业教育是国民教育体系和人力资源开发的重要组成部分,是广大青年打开通向成功成才大门的重要途径,肩负着培养多样化人才、传承技术技能、促进就业创业的重要职责。培养什么人、怎样培养人,这是一切教育工作的出发点和落脚点。职业教育的核心任务就是培养具有技术技能的社会主义合格建设者和接班人,要以立德树人为根本,培养和践行社会主义核心价值观,引导广大青年坚定理想信念,养成职业道德,实现全面发展。

职业教育德育最终的目标是实现人的全面自由的发展。我们从职业教育的对象和阶段性特征来看,职业教育其实是贯穿人的一生的。职业教育的不同阶段因其主体的不同,内容也不尽相同。对作为职业教育德育对象的在校生而言,它最终所要实现的是将学生培养成为思想素质高、政治觉悟高、个人品德高、心理素质强、法治意识强的“五高”人才,这是德育范畴内的全面发展,而学生自由的发展,则是精神境界的一种追求。学生实现“全面”发展的过程,其实也是在为自己的“自由”做充分的准备和铺垫。让自己成为“自由人”是最高的境界,即实现思想的自由与行为的自由、德性与德行的高度统一,言行一致。简言之,即自主自觉地、灵活自由地用相应的原则、规范指导自己的言行,并确保其合情、合理、合法、高效,达到“随心所欲不逾矩”的状态,充分发挥学生的创造力,让他们率性而为之。当然,“随心所欲”与“率性而为”都需要学校或者德育教育主体的科学引导、适当的约束和发展与展示平台的给予。对于其他非在校生的职业教育德育对象,他们的全面而自由的发展,具有很强的职业针对性,是对特殊职业领域的全面发展。

人的全面发展并不仅仅是单个人的发展,它更是全社会全人类的普遍性的全面发展。当然,要实现普遍性的全面发展,就目前我国所处的发展阶段与社会性质来说，还不能实现，但是，从单个人或者小群体开始的全面自由发展的实现，却是很有现实可能性的。职业教育德育的四大层次目标，是循序渐进的，这是社会、是国家对职业教育德育的效果的肯定与新的期待。在现代教育理念与职业教育德育自身特点的引导下，职业教育德育的长远发展，受教育者的全面而自由的发展指日可待。

第四章

职业教育德育内容的针对性

职业教育相对普通教育有其特殊性,因此,职业教育德育作为贯彻德育方针的活动,其内容则需有针对性。本章着重从职业政治教育、职业道德教育、职业健康教育等方面对现代职业教育的德育内容进行研究,提出职业政治人格、职业卫生健康等崭新的教育理念,体现现代职业教育德育内容的针对性,从而更加有效地对职业院校学生进行德育教育。

第一节　职业政治教育

职业政治教育是职业教育的重要组成部分。职业院校学生应树立正确的世界观,健康的人生观和有意义的价值观,深刻地理解社会主义核心价值观对职业方向的指导性,塑造职业政治人格,提升思想政治素养,做遵纪守法的职业人。

一、树立科学思维方式

(一)树立科学的世界观、人生观、价值观

世界观建立于一个人对自然、人生、社会等问题,科学的、系统的、

丰富的认识基础上,是指人们对世界的总的根本的看法,包括社会观、自然观以及伦理观、审美观等。由于人们的社会地位不同,观察问题的角度不同,或是生活环境不同也都可能形成不同的世界观。

人之所以称为人,而有别于其它动物,是在于人不光有动物的生命过程,还有丰富的社会内容。人生就是人生命的历程。马克思指出:"人的本质不是单个人所固有的抽象物。在其现实性上,它是一切社会关系的总和。"①从这一论断中能看出人是具有社会性的。人在社会中生存,自然也会受到社会的影响。而人生总会遇到学业、就业、工作等问题,人们在对这些问题进行思考的同时也会产生具体想法,实际上就产生了人生观的思考。人生观人人都有,但因每个人的物质生活,文化程度等不同也会产生不同的人生观。那究竟什么是人生观?

人生观是指人们在实践中形成的对于人生目的和意义的根本看法,它决定着人们实践活动的目标、人生道路的方向,也决定着人们行为选择的价值取向和对待生活的态度。有什么样的人生观就能规划出什么样的人生来。人生观由三方面组成,即人生目的、人生态度和人生价值,其中人生目的是核心。人生目的是指生活在一定历史条件下,对"人为什么活着"这一人生根本问题的认识和回答,是人在人生实践中关于自身行为的根本指向和人生追求。简单地说人生目的就是告诉我们人为什么活着。人生态度是指人们通过生活实践形成的对人生问题的一种稳定的心理倾向和基本意愿,也就是告诉我们人应该怎样对待生活。人生价值是指人的生活实践对于社会和个人所具有的作用和意义,也就是告诉我们什么样的人生才是有意义的。世界观和人生观是密不可分的。人生观是世界观重要的组织部分,有什么样的世界观就有什么样的人生观。世界观包含人生观,是人生观的理

① 马克思、恩格斯:《马克思恩格斯文集》第1卷,人民出版社2009年版,第501页。

论基础,没有正确的世界观就没有正确的人生观。同时,人生观又对世界观的巩固、发展和变化起到重要的作用。

价值在人们日常生活中经常碰到。例如我们常常去思考"值不值"或是"有没有必要""美不美",其实这就是对价值的一种评判。在哲学里价值本身就是一个复杂的范畴。所谓价值就是指人的需要与满足人的需要的外界物之间的一种关系。其中人作为主体的中心与外物作为客体形成的价值客观依据。

价值观是人们在一定历史条件下经过反复实践逐渐形成的一种判断好坏、是非、利弊、善恶的观念,是人们关于什么是价值、怎么评判价值、如何创造价值等问题的根本观点。在社会主义社会,正确的价值观,就是要把国家社会集体的利益作为价值取向的最高标准。正确的价值观,是为人民利益而奋斗的价值观,是为建设有中国特色社会主义事业而奋斗的价值观。

(二)崇尚社会主义核心价值观

党的十八大报告明确提出:"倡导富强、民主、文明、和谐,倡导自由、平等、公正、法治,倡导爱国、敬业、诚信、友善,积极培育和践行社会主义核心价值观。"这是我党首次提出社会主义核心价值观这一概念,强调"深入开展社会主义核心价值体系学习教育,用社会主义核心价值体系引领社会思潮、凝聚社会共识"。

培育和践行社会主义核心价值观是发展中国特色社会主义制度的需要,是马克思主义价值理论和中国特色社会主义实践相结合的产物,是社会主义制度在精神层面和价值层面的本质规定。社会主义核心价值观熔铸着我们党的政治主张,体现着社会主义的奋斗目标,凝结着中华民族的道德准则,反映着广大人民的根本利益。中国特色社会主义根本制度、基本制度和具体体制,是社会主义核心价值观的制度凝结而成的,是社会主义核心价值观的外在表现形式。社会主义核心价值观指导着社会主义的制度设计和社会运动,渗透于经济、政治、文化、社会各个方面,决定着社会主义的发展模式、制度体制和目标任务,为中国特色社会主义的长远、稳定发展提供了根本价值保障。

二、塑造职业政治人格

(一)什么是政治人格

中国社会自古以来就关注理想政治人格塑造。古代的理想人格大致出自于儒、墨、法三家。其中孔子的政治人格学说里,最理想、最完满的政治人格类型是圣人,也最为人们所熟悉。西方社会理想政治人格具有重理智、冷静、开放、协作等特质。从"知识即美德"到"知识就是力量",处处可见西方国家理想的政治人格影子。亚里斯多德曾经说过:"人天生是政治的动物。"人不可避免地要涉入政治生活。政治人格是一种复合的成品,是政治主体在政治文化和现实政治环境的双重影响下而逐渐发展起来的一种持久性的心理特征的总和。它既包括形而上的政治道德、政治品格、政治操守,也包括形而下的政治技能。领导者具备积极的、高尚的、富有魅力的政治人格,能够赢得尊重和认同,才能激励人心,从而提升自身的领导力。所以美国成功心理学专家拿破仑·希尔这样说道:"真正的领导能力来自让人钦佩的人格。"

人类社会在发展的过程中,首先解决衣食住行的问题,也需要从事各种生产活动,自然就有了职业,于是就形成了各种职业。职业是人们在社会中所从事的作为主要生活来源的工作,也被称为工作岗位。职业政治人格也就是劳动者在工作环境中逐渐发展起来的一种持久性的心理特征的总和,而这种人格在职场中起着关键的作用。

(二)职业政治人格的要求

职业是人们由于特定的社会分工而形成的具有专门业务和特定

职责的社会活动。人们在社会的生存中就要有各种各样的工作,也就形成各种各样的职业。在职场中要表现出让人钦佩的人格首先要具备基本政治素养,过硬的专业技能,还要具有高度的责任心和较强的社会能力。而就政治素养来看,从小就学习到的要爱国、爱党、爱人民,要在职场中如何体现呢?

爱国是中华民族的优良传统,是中华民族生生不息的强大精神动力,是我们对于自己国家的深厚情感。把国家的利益放在首位,把爱国的思想落实到职业中来看,爱岗敬业就是最好的表现。只有做好本职工作,踏踏实实、认认真真、无私奉献,只有搞好经济建设,实现中华民族的伟大复兴,不断提高人民的生活水平,才能保持社会稳定、才能屹立于世界民族之林。这才是把爱国落在实处,并非一句口号。

《没有共产党就没有新中国》这首歌名就阐明了共产党和新中国的关系。中国共产党自 1921 年成立之日起,就肩负起在中国反帝反封的历史,为探索中国现代化的发展道路,代表着中国人民的利益,做出了重大的抉择,创建了新中国,建立了社会主义经济制度,并担负着中华民族的伟大复兴的历史任务。正因为有了共产党才有了我们今天安居乐业的生活,我们才能在稳定的环境中工作,才能在自己的岗位中发挥所长。

爱人民,最终要落实在人民的利益上,否则爱国爱党都是一句空话。爱人民就是维护人民群众的根本利益,全心全意为人民服务,以符合最广大人民群众的最大利益,为最广大人民群众所拥护为最高标准。要像鲁迅先生那样"俯首甘为孺子牛",甘愿做人民的公仆,甘愿为人民奉献,为人民服务。这样的职业才是有价值的。

(三)塑造职业政治人格的途径

完满的职业政治人格应当如同一棵枝叶茂盛的树,既要和谐又要均衡。作为从业者,既应当信念坚定,敢于担当,具有为事业献身的精神。在新形势下，职业人如何塑造自身政治人格？

首先，修身内省，自我提升。重视自我改造和自我提升，重视批评与自我批评。作为当代的青年学生更是应该虚心学习专业知识，更应该学习如何做人。要通过自我的教育和学习来提高人格魅力，"非学无以广才，非学无以明识，非学无以立德。"

其次，在实践中锻炼自己。实践是大课堂、大熔炉，实践也是试金石。要学会从实践中找到问题，改进问题。如孟子所说："居天下之广位，立天下之正位，行天下之大道；得志，与民由之；不得志，独行其道。富贵不能淫，贫贱不能移，威武不能屈。"

最后，通过政治文化来塑造职业政治人格。在职业中提高政治素养、政治觉悟、把握正确的政治方向。在此既需要自我完善、自我纯化、自我提升与自我超越，也需要优化综合环境与重塑政治文化。

三、做一个遵纪守法的职业人

没有规矩，不成方圆。要实现中华民族的伟大复兴，就必须在全社会形成"以遵纪守法为荣、以违法乱纪为耻"的社会主义道德观念，让遵纪守法成为我们的荣誉。遵纪守法指的是每个从业人员都要遵守纪律和法律，尤其要遵守职业纪律和与职业活动相关的法律法规。遵纪守法是每个公民应尽的义务，是建设中国特色社会主义和谐社会的基石。

职业纪律是特定的职业范围内从事某种职业的人们必须共同遵守的行为准则，它包括劳动纪律、组织纪律、财经纪律、保密纪律、宣传外事等基本纪律要求以及各行业的特殊纪律要求。它在调节从业人员与他人、与集体、与社会以及职业生活中局部和全局关系等方面起重要作用。

遵守职业纪律是每个从业人员的基本要求。职业纪律是每个从业人员开始工作前应该明确的，在工作中必须遵守的，必须履行的职业行为规范。每个职业都有各自的职业规范,每个从业人员都要根据职业角色的不同遵守相关的规定,严格按职业规范去约束自己的行为,以保证生产秩序的正常进行。

第二节 职业道德教育

职业道德的认识与思维是统帅职业道德的一切规范,贯穿于职业道德的整个发展过程和各个方面。职业道德规则与构建是职业道德开展的具体表现。职业道德品质是职业中的内在表现,而职业道德行为则是外在表现。只有具备良好的职业道德的认识与思维,正确掌握职业道德规则与构建,提高职业道德品质,才能够有良好的职业道德行为。所以这几个关系相辅相成,密不可分。

一、职业道德认知与思维

(一)职业道德认知

人的社会生活可以分为三大领域,即家庭生活、职业生活和公共生活。其中职业生活是人的最基本的实践生活。而职业道德是构成社会道德的重要组成部门,也是个人道德的重要内容。

职业道德是与人们的职业活动紧密联系的,符合职业特点所要求的。它既是本职人员在职业活动中的行为标准和规范,同时又是职业对社会所负的道德责任与义务。职业道德认知是指从业者在劳动中客观存在的道德关系及处理这些关系的原则、规范的认识。它包括职业道德的形成,职业道德知识的掌握,还包括道德观念、道德情操和道德品质。

职业道德是一般社会道德在职业中的特殊要求,有着自身的行业特征。职业道德的特征有以下几点:一是适用范围上的限定性。首先,职业道德只针对成年人在职业活动中的道德行为,成年人在职业道德以外的活动行为不受职业道德的约束。其次,职业道德只适用于本行业的职业行为,而对其他行业的职业行为不受约束。二是内容的稳定性和连续性。社会有分工不同,形成各行各业具有继承性。比如,教师的职责是教书育人,它不会因为时代的变化而有所改变,而一代又一代的老师继承着这样的职业道德。相应的职业道德就会代代相传而具有稳定性和连续性。当然,这样的稳定性和连续性也不是一成不变的,它会随着社会的深刻变化而不断地进步,取其精华,去其糟粕。最后,职业道德的形式具有多样性。由于行业的自身特点,各行各业对本职业的要求也有所不同。这种多样化的职业道德教育为广大从业人员所认同接受,也有利于养成良好职业习惯,提高职业道德水平。

职业道德是所有从业人员在职业活动中应该遵守的基本行为准则,是社会道德的重要组成部分,也是社会道德在职业活动中的具体表现。它一方面具有社会道德的一般作用,另一方面它又具有自身的特殊作用。其具体作用一是调节职业交往中从业人员内部以及从业人员与服务对象间的关系,这里体现出职业道德具有调节的职能。二是有助于维护和提高本行业的信誉。一个行业的信誉,也就是它们的形象、信用和声誉,提高行业的信誉主要靠产品的质量和服务质量,而从业人员职业道德水平,是产品质量和服务质量的有效保证。三是促进本行业的发展。一个企业的发展离不开员工的辛勤劳动。而员工也代表着企业的形象。职业道德水平关系到员工对企业责任心的表现。所以提高员工的职业道德水平同时也能提升企业形象。四是有助于提高全社会的道德水平。职业道德不仅涉及到从业者对待工作的态度,还反映出从业者对生活态度、价值观念的表现。看是反映个人在职业中的道德准则,其实每个行业,每个职业对整个社会的发展也起得关键的作用。

（二）职业道德思维

道德活动是伴随着人类社会活动的一种相对独立的活动形式，它和人类的科学活动和审美活动一样，也应该有自己相对独立的特有的思维形式。而职业道德思维是人类在从事职业中思维活动的一种相对独立的特殊形式，是指人们职业中的政治、思想、道德现象以及对自己的道德行为等进行观察、比较、分析、综合、抽象、概括和做出判断，进行评价的思维活动。

在实际生活中，职业道德思维主要表现为道德认知能力、职业道德情感、职业道德意志和职业道德行为四个因素。职业道德认识是指人们在职业过程中对所从事工作的基本道德原则和规范的认识。这个认识的过程是从感性认识到理性认识，从理性认识到道德实践认识。职业道德情感是建立在职业规范认识的基础上，只有从业者对自己职业的社会道德价值方面有了正确的认识，才能产生高尚的职业道德情感，认识和理解越深刻，对本职工作的热爱自豪感和责任心也就越来越强烈。道德意志是指在工作中履行道德义务，自觉克服困难，有毅力和坚持精神。职业道德行为是指人的道德品质的外部状态，是道德品质的根本，是检验道德认知的标准。

（三）如何培养学生的职业道德思维

学生要适应时代的需求，除了掌握过硬的专业技术以外，还必须有意识地养成良好的职业道德思维，不断地提高自身的素质，才能在未来激烈的竞争中立于不败之地。

首先，提高自我修养。“修养”是一个含有丰富意义的词。主要是指人们在接受外在教育的同时，通过自我学习和锻炼，使自己达到一定的能力和境界并逐步完善提高。而一个人的道德品质的形成既要有外部的道德教育，更要靠个人的自我努力。这样的职业道德思维不是与生俱来的，而是在科学理论指导下经过长期的社会实践并进行艰苦锻炼的结果。我国古代有很多思想家都曾探索过用“内省”“修身”“静养”等方法来进行道德修养。而现在我们必须认真学习理论，以理论知识作为坚实的基础，要认真、准确地把握马克思主义观察问题和解决问题的基本立场、观点和方法。认清人类社会发展规律，确立正确的世界观和人生观，从根本上提高自己的觉悟，坚持正确的政治方向。同时要开展批评与自我批评，认识自己的不足，对自己的思想道德提出更高的要求。

其次，在专业学习中训练自己。在现在的职业教育中更加重视专业课程，要想成为有用之才不光要有专业知识还要具备本专业的职业道德、职业意识。而具备职业道德思维的心理特征主要是在职业技能过程中形成的过硬的技术是需要长时间艰苦努力和刻苦训练才能掌握的。但在这个过程中有困难，要学会坚持，对自己未来需要从事的职业要有责任心，学会承担，在学习专业知识的过程中也注意培养职业道德思维。

最后，在职业活动中强化。职业道德思维离不开实践，若是离开社会实践人们就无法深刻领会职业道德思维的内在。社会实践是检验职业道德思维是否符合社会需求最好的方法。在日常教学中加强职业道德思维的教育，可以采用走进校园和走出校园的方式。走进校园，就是可以请有着丰富实践经验的专家进行讲座。现身说法的示范效果比原有书本上的理论知识更深刻。而走出校园，可以安排学生到行业中去，亲身体会企业的运行模式，进而培养爱岗敬业、无私奉献的精神。同时也可感受到企业对员工的要求及工作态度，使学生明白能做好一份工作不仅仅是需要专业技能，还需要责任和担当。

二、职业道德规则与构建

(一)社会主义职业道德的核心原则

社会主义职业道德是指社会主义社会各行各业的劳动者在职业活动中必须共同遵守的基本行为准则。它是判断人们职业行为优劣的具体标准,也是社会主义道德在职业生活中的反映。

社会主义职业道德与过去一切社会中的职业道德相比较,具有以下特征。一是继承性和创造性相统一。社会主义制度是历史上最新型、最先进的制度。一方面,它在继承传统优秀道德的基础上,根据时代发展的要求和社会主义制度的特征,对传统职业道德进行调整,赋予它新的内涵;另一方面,根据社会主义生产方式的要求,它也提出了新的职业道德要求,如全心全意为人民服务等。二是阶级性和人民性相统一。社会主义职业道德具有鲜明的阶级性,其根本目的和任务在于反映工人阶级和广大劳动人民的根本利益,维护工人阶级和广大劳动人民的政治统治地位。在社会主义初级阶段,社会主义虽然从根本上消灭了剥削阶级和剥削制度,但其他非公有制成分仍长期存在,社会主义职业道德这种鲜明的阶级性也必然会长期存在。同时,社会主义是为绝大多数人谋利益的,因此,它反映和体现的是全体人民的利益和意志。三是先进性和广泛性相统一。社会主义职业道德反映了工人阶级与广大人民群众的利益和要求,因而具有先进性。社会主义职业道德的先进性主要表现在,它是迄今为止人类社会最先进的社会经济关系的反映;它以马克思主义为指导,批判地吸收了人类历史上职业道德的优良传统,从我国的政治、经济、文化、公民受到的教育程度和基本道德观念等方面的实际情况出发,体现着由高到低的不同层次。社会主义职业道德虽然具有先进性的特征。但是,社会主义社会中还存在着非社会主义性质的职业道德现象,因此,对社会主义职业道德先进性的评价应该有一个可以衡量的客观标准。这个客观标准就是要有利于解放和发展生产力，有利于国家的统一、民族的团结和社会的进步，有利于追求真善美、抵制假恶丑，有利于弘扬正气、构建和谐社会，有利于公民自觉履行权利和义务，以开拓创新、锐意改革的精神和诚实守信、无私奉献的品德创造美好生活。只有符合这些基本要求，才能真正体现出社会主义职业道德的先进性。

《中共中央关于加强社会主义精神文明建设若干问题的决议》规定了我们今天各行各业都应共同遵守的职业道德的五项基本规范，即“爱岗敬业、诚实守信、办事公道、服务群众、奉献社会”。其中，为人民服务是社会主义职业道德的核心规范，它是贯穿于全社会共同的职业道德之中的基本精神。社会主义职业道德的基本原则是集体主义。因为集体主义贯穿于社会主义职业道德规范的始终，是正确处理国家、集体、个人关系的最根本的准则，也是衡量个人职业行为和职业品质的基本准则，是社会主义社会的客观要求，是社会主义职业活动获得成功的保证。

（二）社会主义职业道德的基本规范

社会主义职业道德是判断人们职业行为优劣的具体标准，是社会主义道德在职业生活中的反映。社会主义职业道德规范既是人们对各行职业道德体系和道德行为要求的概括和总结，也是所有从事社会主义事业的劳动者都应遵守的共同行为准则。社会主义职业道德的基本规范同人们职业生活实践密切相关，它是在社会主义制度下的具有职业活动特征的道德准则和规范。社会主义制度下从事各行各业的劳动者们，在自身行业中形成不同的劳动方式，在职业实践中，应维护各行各业的共同利益和尊重他人，把利益观念和互助精神作为职业道德规范。同时也应该以马列主义毛泽东思想和中国特色社会主义理论作为基本原则，以为人民服务为核心，以为集体、为社会做出贡献为社会主义职业道德的精神。

社会主义职业道德的基本规范的内容包括以下几个方面。一是爱岗敬业。这是社会主义职业道德最基本、最起码、最普通的要求。是职业道德的核心和基础，是社会主义主人翁精神的表现。爱岗，就是热爱自己的工作岗位，热爱自己的本职工作。敬业，就是以负责的态度对待自己工作。敬业的核心要求是严肃认真，一心一意，精益求精，尽职尽责。在社会主义条件下，是对自己工作岗位的爱，对自己所从事职业的敬。这也是社会对每个从业者的要求，更应当是每个从业者对自己的自觉约束。

二是诚实守信。这是做人的基本准则，也是社会道德和职业道德的一个基本规范。在从事职业中应该诚实劳动，合法经营，信守承诺，讲求信誉。诚实就是表里如一，说老实话，办老实事，做老实人。守信就是信守诺言，讲信誉，重信用，忠实履行自己承担的义务。诚实守信是各行各业的行为准则，也是做人做事的基本准则，是社会主义最基本的道德规范之一。在职业中失去了诚信就失去了信任，也就失去了机会。在社会主义市场经济条件下，加强职业领域的诚信道德建设是十分必要的。

三是办事公道。这是指对于人和事的一种态度，也是千百年来人们所称道的职业道德。它要求人们待人处世要公正、公平，不谋私利，不徇私情。在社会主义制度下，从业者之间与服务者之间是平等的，只有从事的工作不同，没有个人地位高低之分，以公道之心办事就必然是职业活动所必须遵守的道德要求。

四是服务群众。就是在职业活动中一切为人民群众服务，是社会全体从业者通过互相服务，促进社会发展、实现共同幸福。服务群众是一种现实的生活方式，也是职业道德要求的一个基本内容。社会主义道德建设的核心是为人民服务，以服务人民为宗旨。

五是奉献社会。就是要求从业人员在自己的工作岗位上树立奉献社会的职业精神,通过自身的本职工作积极自觉地为社会做贡献,这是社会主义职业道德的本质特征。奉献社会自始至终体现在爱岗敬业、诚实守信、办事公道和服务群众的各种要求之中。奉献社会并不意味着不要个人的正当利益,不要个人的幸福。恰恰相反,一个自觉奉献社会的人,他才真正找到个人幸福的支撑点。奉献和个人利益是辩证统一的。

(三)社会主义职业道德构建

社会对人的关心、社会的安宁和人们之间关系的和谐,是同各个岗位上的服务态度、服务质量密切相关的。在构建和谐社会的新形势下,大力加强社会主义的职业道德建设,具有十分重要的意义。社会主义职业道德主要由职业理想、职业责任、职业态度、职业纪律、职业技能、职业良心、职业作风和职业荣誉所构成。

职业理想是从业者对未来工作类别的选择及工作上达到何种成就的向往与追求,即个人渴望达到的职业境界。它是人们实现个人生活理想、道德理想和社会理想的手段,并受社会理想的制约。职业理想是人们对职业活动和职业成就的超前反映,与人的价值观、职业期待、职业目标密切相关的,与世界观、人生观密切相关。同时,职业理想也是职业道德的重要组成部分,是社会理想在职业选择和实践中的具体体现。职业理想与职业选择紧密联系在一起,要实现职业理想就要正确对待职业选择问题。把个人志愿和社会需要结合起来,应以社会需要为重。因为社会需要反映出社会发展的客观需求,而我国社会主义建设正在突飞猛进地发展,职业院校学生在择业时也得考虑社会所需要的是什么。

职业责任是指人们在一定职业活动中所承担的特定的职责和义务,它包括人们应该做的工作和应该承担的义务,往往通过具有法律和行政效力的职业章程或是职业合同来规定。职业责任和职业义务是靠外在的强制力约束人们的职业行为。如果一个人不履行职业责任或是不认真地履行职业责任，就要受到政治的、经济的或是法律的制裁。而这有别于道德义务，道德义务是人们在内心信念的驱使下自觉履行的，虽然有时会有强大的社会舆论对行为人造成重大影响，也可以说是外在的强制力，但是跟政治、经济、和法律的强制力完全不一样。

职业态度就是指人们对自身职业劳动的看法和采取的行为。职业态度是个人职业选择的态度，包括选择方法、工作取向、独立决策能力与选择过程的观念。劳动光荣，劳动成为每个公民应尽的义务和责任，以个人劳动能力对社会做出贡献。劳动成为社会生活中共同的道德要求，成为衡量公民道德品质好坏的标准。无论从事哪种职业都要受到该职业道德的约束，正确的劳动态度才有利于职业的发展。

职业纪律是一种以规章、制度、条例等形式来维持职业活动的正常秩序，调节职业活动各种现实关系的行为准则，是劳动者必须遵守的行为规范。它通常表现为规章、制度等形式。职业纪律一旦形成就具有权威性。如果违反纪律就要受到处罚，因为这种纪律带有强制性。

职业技能是指从业者胜任职业活动所具备的技术和能力，它是从事职业工作的重要条件，是职业工作者实现职业理想、追求高尚职业道德的载体和表现手段。职业技能与科学文化知识紧密结合在一起。新科学、新技术、新知识的不断出现，需要职业者不断去学习，去提升。如果一个职业者空想做好自己本职工作，没有过硬的技能，做好工作从何谈起。崇高的职业道德，不但表现为自觉履行职业责任，实现职业理想的愿望，还表现为高超的职业技能。因此，良好的职业技能有深刻的道德意义。

职业良心是指职业劳动者对职业责任的自觉意识，是人们在职业实践中形成的内心尺度或内心天平。良心是一种道德意识，是社会存在的反映,是社会关系的产物。马克思说“良心是由人的知识和全部生活方式来决定的”。良心虽然人人都有,但由于生活环境的不同,所受的文化教育程度不同,道德观念也有所不同。社会分工很多,各行各业都有自己行业特殊性,所以造成职业良心也有多样性。而良心的形成很大程度上跟职业劳动者的自我体验、自我教育、自我修养密不可分。

职业作风是指职业劳动者在其职业实践和职业生活中所表现的一贯态度,是职业道德在职业劳动者实际行动中的习惯性表现。职业作风是职业道德的重要范畴,是一种无形的精神动力,是人们在长期的工作实践中培养出来的。职业作风的好坏决定着企业成败。一个具有优良作风的职业集体,能够感染职工去克服困难,更优秀地完成工作。相反,一个作风败坏的职业集体,影响的不仅仅是个人,还影响整个社会。

职业荣誉是人们对职业行为的社会价值所做出的公认的客观评价和正确的主观认识,是职业责任和职业良心的价值尺度。一方面是指社会用于评价劳动者行为的社会价值尺度,也就是对劳动者履行职业责任的道德行为的赞扬。另一方面是劳动者对自己职业活动所具有的社会价值的自我意识,也就是在职业良心中所包含的自爱和自尊。

三、职业道德品质与涵养

(一)职业道德品质

职业道德品质是指一定社会的职业道德原则、职业道德规范在各种各样的职业活动中的具体体现,是个体在一定职业活动范围内表现出来的稳定的行为规范的综合。

职业道德品质跟社会道德有着区别。职业道德品质是职业教育心理学、职业教育研究的内容，社会道德是社会学、伦理学等研究的内容。职业道德品质是随着职业和从业者的发展变化而变化的，而社会道德则是随着社会发展变化而变化的。

同时，职业道德品质跟社会道德有着紧密联系。职业道德品质跟社会道德是随着社会时代的发展而发展的，带有社会的制约性，个人的职业道德品质是在社会道德及职业道德的影响下逐步形成的。而社会道德和职业道德也必然会潜移默化地表现为从业者的职业品质。从业者的职业道德品质往往转化为社会道德的职业道德的有机组成部分，社会道德与职业道德是无数从业者的职业道德品质的集中体现。

（二）职业道德品质的内容

职业道德品质是道德规范在个人的思想和行为中的体现，它包括思想认识和行为实践两个方面。要把道德规范转变成人的道德品质就必须在“内在”和“外在”上着手。

首先，要具有高度的社会责任感。在一个特定的社会里，每个人在心里和感觉上具有对其他人的伦理关怀和义务。具体说就是社会并不是无数个独立个体的集合，而是一个相辅相成不可分割的整体。因此社会不可能脱离个人而存在，而个人的发展也离不开社会的变迁，因此个人与社会是密切相联系的，在从业的过程中把自己的命运同国家、同集体相联系，认识到个人的职业也是社会组成的一部分。

其次，要具有较强的工作责任心。责任心是指个人对自己和他人、对家庭和集体、对国家和社会所负责任的认识、情感和信念，以及与之相应的遵守规范、承担责任和履行义务的自觉态度。工作责任心是指从事职业活动的人必须承担的职责和义务。一般地说，责任就是义务，工作责任心就是职业义务，工作责任心和职业义务是靠外在的行为规范力量来推动的。工作中履行的职业责任和职业义务与得到的相应的报酬紧密联系。具有责任心的员工,会认识到自己的工作在组织中的重要性,把实现组织的目标当成是自己的目标。一个对工作有责任心的人,会表现出对工作的积极性,一个有责任心的人也体现在他的工作效益。

(三)职业道德涵养的途径和方法

作为从业者除了有良好的职业道德品质,还要不断地自我修养,使自己把握确实有效的方法。

首先,提高职业道德认识。人们靠自己学习到的知识和形成的道德观念可以判断出是与非,善与恶。但是工作中当某种行为与自身利益在一起时还能不能做出正确的判断来?这就有待于职业道德认识的提高。因为在职业中遇到的行为和具体的事情比在课本讲述中的要复杂得多,所以具备应有的职业道德认识是必要的。要重视道德品质的知识学习,注意理论知识的掌握,特别是对马列主义、毛泽东思想和中国特色社会主义理论的学习。不断地提高,丰富判断力,形成正确的观念。在内心形成坚定的道德品质,有利于良好的道德品质的稳固。

其次,增强职业道德责任。它不等同于法律的约束性,往往是职业者自觉的体现和更自由的选择。增强职业道德责任就是要把道德责任内化为道德主体的义务感,摆脱一般义务具有的消极作用。当个人利益与集体、与社会发生冲突时,当现实生活中的困惑难以分辨时,就需要我们选择更高层次的道德责任。如牺牲局部保存整体利益,牺牲个人,保存集体利益,增强对集体、民族、国家的责任感形成优良的道德品质。

然后,必须遵守职业规范。在社会主义条件下,从业者用于调节内外关系的规范内容丰富、形式多样。这些规范,是在职业活动中对职业道德关系和道德行为要求的集中提炼和高度概括,是一切从业人员都必须共同遵守的行为准则。它鲜明表达了从业者的职业义务和职业责任,尤其是在市场经济条件下,是在职业行为上必备的道德准则。规范就是标准、准则之意,告诉人们应该怎样做,不应该怎样做。在人类社会中,规范普遍存在,如交通规则、技术规范、服务规范、社会生活规范等。

最后,养成良好职业道德习惯。养成良好的职业道德习惯是形成良好职业道德品质的落脚点,要不断地培养道德情感,磨炼道德意志,坚定道德信念。这有利于提高职业人的全面素质,对于职业生涯有着重要意义。要以更好的心态投入热情的工作,为社会做出更多贡献来实现人生的价值。

四、职业道德行为与选择

(一)职业道德行为

职业道德行为作为社会道德体系的重要组成部分,既要吸收社会道德规范的一般要求,又要突出职业特征并形成体系。职业道德行为是指人在一定道德意识支配下,或在一定职业道德规范影响下所发生的道德的或非道德的行为,或根据一定的职业道德原则、职业道德规范,对职业活动所做出的道德判断和行为评价。

(二)职业道德行为选择

职业道德行为选择是指从业者在一定道德意识支配下,根据一定的道德标准,在不同的价值标准或善恶冲突之间进行自觉选择,它是把从业者的世界观、人生观、价值观等以行为活动的方式呈现给自己或是别人,同时又表现出从业者某种道德品质。职业道德行为选择包括职业行为动机、目的、方式、过程、结果的选择。同时也是人生理想、人生价值的选择。

职业道德行为选择应把握两个原则。一是有利于社会主义社会发展的原则。从思想上我们应该好好学习马列主义、毛泽东思想和中国特色社会主义理论,而从业的目的不仅仅是为了个人的选择,更深刻的意义在于社会的发展。二是有利于自我完善的原则。树立职业理想,增强职业荣誉,讲究职业良心,端正职业态度,提高职业技能,强化职业责任,严明职业纪律,培养良好的职业作风。

(三)职业道德行为选择能力与培养

职业道德行为选择能力是指从业者对道德行为选择客体作用的能力和选择能力。在从业者选择道德行为过程中,既有对客体的作用,又有自身能力潜在其中。选择能力是从业者道德行为选择构成的重要内容。

职业道德行为选择能力主要由比较力、鉴别力、分解力、取舍力和自组织力等要素所组成。比较力是指确定事物异同关系的能力,即依据一定的标准,将彼此有一定关联的事物加以对照,从而确定其相同和相异之点,把握事物的内在联系,认识事物的本质。这是一种思维能力又是一种应用方法。没有比较,就没有权衡,就无法区分美与丑,善与恶,错与对,所以比较力是选择能力的基础。鉴别力是指辨别、识别的能力。如果不具有一定的鉴别能力,对各行各业不能准确把握主体所需要的价值,就不能实现选择的目的。分解力是指对复杂事物和复杂系统进行分解,从中选择主体所需要的价值的能力。事物与系统具有复杂性,应在这复杂的事物中选择主体所需要的。分解力是选择力的一种辅助,也是不可缺少的部门。取舍力是指在选择过程中对选择对象的取舍能力,它是使选择直接实现的推动力。取舍力强的人自然选择力就强。自组织力是指选择主体在获得了价值后重新调整自身的能力,这是一种内在的吸引力。而这些能力都是说明选择的内在过程,是一个从比较开始,经过鉴别、分解、取舍达到自组织的过程。

如何提高职业道德行为选择能力呢?

首先,全面理解和掌握职业道德知识。职业道德行为选择能力的发展是跟每个人对道德知识的认识成正比的。道德知识积累越多,认识越深刻。但在这个过程中仅仅只是常识性认识是不够的。恩格斯说:“常识在它自己的日常中活动范围内虽然是极可尊敬的东西,但它一跨入广阔的研究领域,就会遇到最惊人的变故。”所以在当今社会,从业者必须加强道德教育,从外在进行吸收。一定要自觉遵守行业的道德修养,把握行业的道德原则。只有这样才能有效地提高自身职业道德行为选择的能力。

其次,培养良好的职业思维能力。良好的职业思维能力是道德行为选择能力的基础,思维能力的发展必须引起道德行为选择能力的提高。职业思维能力一般是由思维的分析能力、综合能力、比较能力和概括能力所组成,这些能力相互关联又构成一个完整的整体。应对自己从事的职业有一定的认识,明确本职业的道德要求。发展职业思维能力还必须培养稳定、积极的情绪和坚强的意志,这有利于职业道德行为选择的实现,而消极的情绪会阻碍思维活动的进行,往往会造成职业道德行为选择的错误。

最后,在社会实践中锻炼职业道德行为选择能力。任何能力的发展都离不开社会实践的锻炼。当在从业过程中面对复杂的社会环境,就需要个人做出选择,要使个人的选择符合社会的需求,就要从这些方面锻炼自己,这样职业道德行为选择能力才能不断地提高。

第三节 职业健康教育

传统意义上认为,职业健康主要是研究如何使从业者摆脱职业病的困扰。现代意义的职业健康教育不仅仅是指身体,还包括心理。职业健康教育必须以此为基础,并掌握相关法律、法规知识,再进一步深入职业心理健康教育。职业健康教育并不仅仅是注重从业者身体的健康，还要更关爱心理健康，提高职场安全的意识。

一、职业卫生健康教育

在我国每年有大量的职工在工作期间受到不同程度职业病的侵害。根据卫生部发布的2013年全国职业病报告来看，2013年全国共报告职业病26393例。近几年，我国每年因工伤事故和职业病给国家带来的经济损失更是难以估计。因此，劳动者的健康更应该得到关注，开展职业健康教育，提高劳动者的健康意识势在必行。

职业卫生健康教育是旨在研究劳动条件对劳动者身体健康的影响，以在职业活动过程中免受有害因素侵害为目的的工作，致力于提高从业者对相关法律知识和职业专业知识的学习，包括职业健康、劳动卫生等等。只有创造合理的劳动工作条件，才能使所有从事劳动的人员在体格、精神、社会适应等方面都保持健康，只有防止职业病和与职业有关的疾病，才能降低病伤缺勤，提高劳动生产率，才能使从业者全面发展，同时也推动社会的进步。

职业健康是以职工的健康在职业活动过程中免受有害因素侵害为目的的工作，其在法律、技术、设备、组织制度和教育等方面所采取的相应措施的目的在于，保护和促进职工健康、保护环境、促进安全生产和保持社会发展。而这里的健康并不单一指职工在工作期间身体健康，还包括心理健康、亚健康、工伤、环境等诸多方面，比过去的概念更广泛。目前，我国法定的职业病有10类115种。随着经济飞速的发展和科技的进步，各种新材料、新工艺、新技术不断地出现，职业危害也因这些因素的变化越来越多，这导致职业病的范围越来越广，种类也越来越多。还出现一些过去从未发现或是很少发现的职业病。所以考虑到这些因素，对法定职业病的范围还需要不断地修订。

劳动卫生其研究对象主要是劳动条件对劳动者健康的影响，其目的是创造适合人体生理要求的劳动条件,研究如何使工作适合于人,又使每个人适合于自己的工作,使劳动者在身体、精神、心理和社会福利诸方面处于最佳状态。因此,劳动卫生的首要任务是识别、评价和控制不良劳动条件,保护和促进劳动者的身心健康。劳动卫生属于预防医学,是卫生学的重要组成部分,它与职业病学和劳动保护学都有着密切联系。劳动卫生主要是从卫生学的角度研究劳动条件对劳动者健康的影响;职业病学主要是从临床医学的角度研究职业因素引起的职业性损害及其诊断和治疗;劳动保护学主要研究如何保证劳动者安全生产,设计具体防护措施,创造良好的劳动条件,制订劳动保护法规,以及监督这些法规的贯彻执行。

职业卫生健康教育的工作内容主要包括两个方面:一是涉及职业卫生健康有关的法律,法规的学习。由于行业的多样性法律规定也有所不同,所以必须了解相关职业的法律法规,掌握基本法律知识,增强法律意识,在从业的过程中用法律来保护自己。二是涉及职业卫生健康有关的基本知识。在掌握相关职业法律知识的同时,掌握职业安全知识、职业卫生知识等也是必要的。

二、职业心理健康教育

心理健康是指一个人能够做到客观刺激与主观反映保持一个平衡的、恰当的状态,能够做到内外协调统一,并且适应发展的过程,使价值得到实现。

职业心理健康教育是指以促进各行业职工的生理、心理及社交维持在最好状态为目的,防止职工的健康受工作环境影响,保护职工不受危害健康的因素的伤害,并将职工安排在适合他们的生理和心理的工作环境中。职业心理健康是职业素质的重要组成部分,有利于促进工作的开展。一方面健康的心理是从业者良好的身体素质的必要条件,心理上的健康会更有效地提高工作效率。另一方面从业者心理健康与其工作积极性、创造性进而与其事业成就密切相关。只有当从业者以积极、健康的心理投入工作才能充分发挥其潜能,进而取得令人满意的工作效果。同样,在工作中的紧张、烦躁、忧郁会给人带来紧张与压抑的情绪,存在心理情绪问题会使从业者在工作中失去自尊心、自信心,影响人格、情感的健康发展,并极易导致对工作失去兴趣和积极性,影响工作效率。

职业心理健康标准是评价人们在工作中心理健康水平的标尺。职业心理健康标准有几个方面的评判标准。一是智力正常。它是从事正常职业最基本的心理条件,是职业心理健康的重要标准。智力是人的观察力、注意力、记忆力、想象力、思维力、创造力及实践活动能力等的综合,包括在经验中学习或理解的能力,获得和保持知识的能力、迅速而成功地对新情境做出反应的能力、运用推理有效地解决问题的能力等,是胜任一项工作的一般基础。二是能协调和控制情绪,心境良好,其标志是情绪稳定和心情愉快。在工作中愉快情绪多于负性情绪,乐观开朗、富有朝气,对生活充满希望;情绪较稳定,善于控制与调节自己的情绪,既能克制又能合理宣泄自己的情绪,情绪的表达既符合社会的要求又符合自身的需要,在不同的时间和场合有恰如其分的情绪表达;情绪反应与环境相适应,反应的强度与情境相符合。三是意志健全。意志是人在完成一项工作时进行的选择、决定与执行的心理过程。意志健全者在行动的自觉性、果断性、顽强性和自制力等方面都表现出较高的水平。四是人格完整和谐。人格是个体比较稳定的心理特征的总和。人格完善就是指有健全统一的人格,个人的所想、所说、所做都是协调一致的,人格的完善有利于工作的进步。人格完善包括人的整体的精神面貌能够完整、协调、和谐地表现出来;具有正确的自我意识,不产生自我同一性混乱,以积极进取的人生观面对自己从事的职业;思考问题的方式是适中与合理的,待人接物常常采取恰当灵活的态度,对外界刺激不会有偏颇的情绪和行为反应;能够与社会的步调合拍,也能和集体融为一体。五是自我评价正确。在工作中正确地自我评价是心理健康的重要条件。自我观察、自我认定、自我判断和自我评价能使自己恰如其分地认识自己,摆正自己在工作中的位置,既不以自己在某些方面高于别人而自傲,也不以某些方面低于别人而自卑,对自己的工作目标和理想也能定得切合实际,以健康积极的态度面对挫折与困难。六是和谐的人际关系。良好的人际关系,是事业成功的前提。工作中乐于与人交往,既有广泛而深厚的人际关系,又有知心朋友;在交往中保持独立而完整的人格,能客观评价别人和自己,善取人之长补己之短,宽以待人,乐于助人,积极的态度多于消极态度,才能促进职业的发展。七是适应工作环境。个体应与客观现实环境保持良好关系,既要进行客观观察以取得正确认识,以有效的办法应付工作环境中的各种困难,不退缩;又要根据工作环境的特点和自我意识的情况努力进行协调,或改变环境适应个体需要,或改造自我适应环境。

影响职业健康的因素有以下几个。一是工作内在因素。工作压力是在工作中最常见的影响职业心理健康的缘由之一。适度的压力能够提高业绩有利于工作的开展,可是压力过大时会影响职工的身心健康,没有压力则无法提高工作效率更无力提升个人能力,所以压力要适当不然会造成负面影响。二是人际关系因素,在职场中人际关系的好坏对每个人来说都很重要。因为只有健康和谐的人际关系才能拥有一份快乐的工作。而愉快的环境才能提高工作效率,为个人,为集体,为社会创造更多价值,不能适应工作中的人际关系或是不能正确处理这样的关系则会给职业带来负面影响。三是个人兴趣爱好因素,一个人选择什么样的职业与本人的兴趣、爱好、性格都是有着密切关系的。在职业中能按自己的兴趣爱好去选择对工作来讲是一种强大的推动力。个人的兴趣爱好是作为职业的重要依据,作为基础,但不是全部依据。只有把兴趣爱好建立在一定能力的基础上并与社会需要相结合才能发挥个人的潜力,工作才能得心应手。相反,过分强调个人兴趣爱好在工作中发挥的作用,不仅不能做好本职工作反而成为没完成好工作的借口。所以培养多方面爱好努力发展自己的专长,从而使自己的个人兴趣爱好有明确针对性更有利于发挥职业的潜力。

三、职业安全教育

《国务院关于大力发展职业教育的决定》中指出:大力推行工学结合、校企合作的培养模式。与企业紧密联系,加强学生的生产实习和社会实践,改革以学校和课堂为中心的传统人才培养模式。对于即将踏入社会面对就业的青少年来说职业安全教育是必要的。

职业健康安全教育的基本内容主要有思想教育、职业健康安全技术知识教育和典型事故教育。首先,思想教育。要从业者从思想上认识到在职场中安全的重要性。思想教育包括思想认识教育和劳动纪律教育。思想认识教育主要是通过职业健康安全政策、法规方面的教育,提高各级领导和广大职工的政策水平,正确理解职业健康安全方针,严肃认真地执行职业健康安全法规,做到不违章指挥,不违章作业。劳动纪律教育主要是使管理人员和职工懂得劳动纪律对实现安全生产的重要性,提高遵守劳动纪律的自觉性,保障安全生产。

其次,职业健康安全技术知识教育。从专业技术上来重视安全教育。职业健康安全技术知识教育包括生产技术知识、基本职业健康安全技术知识和专业职业健康安全技术知识。生产技术知识是指企业的基本生产概况、生产技术过程、作业方法或工艺流程、产品的结构性能,所使用的各种机具设备的性能和知识,以及装配、包装、运输、检验等知识。基本职业健康安全技术知识是指企业内特别危险的设备和区域及其安全防护的基本知识和注意事项;有关电器设备的基本安全知识;有毒、有害的作业防护;一般消防规则;个人防护用品的正确使用,以及伤亡事故的报告办法等。专业职业健康安全技术知识是指某一特殊工种的职工必须具备的专业职业健康安全技术知识,包括锅炉、压力容器、电气、焊接、起重机械、防爆、防尘、防毒、瓦斯检验、机动车辆驾驶等专业的安全技术及工业卫生技术知识。

最后,典型事故教育。以事实为实例,可使职业安全教育更生动更具有说服力。典型事故教育是结合本企业或外企业的事故教训进行教育,通过典型事故教育可以使各级领导和职工看到违章行为、违章指挥给人民生命和国家财产造成的损失,提高安全意识,从事故中吸取教训,防止类似事故发生。

第五章

职业教育德育过程的全程性

第一节　职业院校德育的全程性

职业院校学生德育的教育过程，涵盖从入学到毕业就业的整个学习过程。重庆工业职业技术学院按照“三为”育人理念，构建出具有高职特色的“三为”分年级育人模式。以“为人、为事、为业”为主要内容的德育教育“分年级”育人模式的内涵，在于它按照职业院校人才培养的终极目标的需要，根据高职一、二、三年级学生的素质基础和身心特点，分别以为人教育、为事教育、为业教育为教育重点，各年级围绕重点设计德育教育的具体目标、实施内容和实践路径，帮助学生实现从普通学生到具有高尚道德品质的高职学生，再到具有良好职业素质和较强创业意识的企业员工的转变，从而实现职业院校人才培养的最终目标。

一、一年级的“为人”教育

（一）“为人”教育的目标

“为人”教育，就是要引导学生做有品德之人、有品质之人、有品位之人。一年级学生重在“为人”教育，以理想信念、爱国主义教育和道德教育为重点，辅以适应性教育、专业认知教育、职业生涯规划指导，同时加强文明行为规范和法纪教育，帮助学生树立正确的价值取向和良好的职业道德。

（二）一年级学生的素质基础和身心特点

一年级学生，从家门到校门、从中学到大学，基本情况是有强烈的独立愿望，但缺乏应对复杂社会生活的能力；有较高的理想目标但缺乏明确的职业意识；有一定的学习目标但缺乏学习兴趣和学习策略；心理素质不够稳定，精神比较脆弱，思想素质和道德水平需要提高。主要存在四个方面的问题。第一，存在自卑心理。当前职业院校的社会地位还没有被人们充分认识，职业院校毕业生的社会认可度和就业定位都较低，这种现象必然对初入校门的新生产生不良影响。第二，享乐思想抬头。许多新生盲目乐观，认为自己已经成为一名大学生了，中学阶段紧张的学习生活已离我们远去，认为大学生活就应该轻松自由、放松享受。第三，学习适应能力差。中学阶段与大学阶段的教学方法存在着很大的差别，新生一时难以适应。新生受社会上乃至在校生的厌学风气影响，部分学生学习目的不明确，学习态度不积极，学习方法不改进，学习缺乏积极性、自觉性。第四，过于自信。一些学生认为自己已经长大了，可以自立了，并且刚刚脱离了父母的约束，从思想上不愿再接受教师的管教。他们虽有强烈的自信心，却因为年龄小，阅历浅而缺乏足够的自制力。

（三）一年级学生的教育对策

大学一年级是学生人生观、价值观形成的重要阶段，对学生学习和人生发展影响校大，德育工作应重点抓好以下几方面。

1. 适应性教育

主要目的是培养学生角色适应感，引导他们尽快适应大学的学习、生活、工作,学会自学、自省、自律、自立、自强,奠定全面发展的基础。内容包括观念适应,即树立正确的人才观、贫富观、公平观,以及学习适应、心理适应、交往适应、生活适应等。实践途径可以是环境体验、辅导员、班主任教育引导、与学长交流活动、迎新晚会、独立生活能力培养专题班会、个别谈心和家校交流活动等。

2. 理想信念和爱国主义教育

主要目的是培养学生热爱祖国,热爱中国共产党的思想,树立崇高的理想和坚定的信念,确立科学的世界观、人生观和价值观。内容包括学习党章、党的基本知识;学习马克思主义最新理论成果;了解当前我国建设发展的伟大成就以及形势政策教育等。实践途径可以选择课堂理论学习,主题班会、讨论会、报告会、讲演、知识竞赛、征文比赛、组织参观革命教育基地等形式。

3. 高职认同教育

主要目的是培养对高职教育认同感和自我认同感。内容包括高职教育发展历史及现状;国家发展高职教育的各项政策法规、高职教育对国家、社会的意义和促进个体全面和谐发展的意义等。实践途径可以选择专题报告或讲座、举办学院发展成果展或学生学业成就展、参观校企合作单位捐赠、参加就业协议签署活动和就业双选会等。

4. 专业认知教育

主要目的是培养学生专业兴趣和职业认同感,明白主攻方向,学有选择,学有目标。内容包括我国经济结构,社会人才需求状况;本行业发展状况及就业前景分析;专业培养目标,专业知识结构和职业素质要求等。实践途径可以通过校企专家讲座、优秀校友座谈、参观企业和实习实训基地、开展专业发展调查等方式进行。

5. 基本道德规范教育

主要目的是培养学生基本的公民道德规范和良好的职业道德素

养,会“为人”,爱岗敬业。内容包括学习实践公民基本道德规范;以诚实守信为核心的职业道德规范;以爱岗敬业为内容的职业情感;以遵纪守法,廉洁奉公为要求的职业纪律等。实践途径要与理想信念教育相结合、与法纪教育相结合,积极开展道德实践活动。

6. 职业生涯规划教育

主要目的是培养学生明确的职业意识、良好的职业态度和切合实际的职业理想,形成完整的职业生涯规划方案。内容上建议引导学生深入思考以下问题。

我的人生该选择怎样的职业?如何设计自己的职业生涯?毕业后我的去向如何?就业是选择考公务员、事业单位、企业还是自己自主创业?现在我的素质和能力如何?大学几年该如何度过?实践途径主要包括职业能力倾向测试、职业心理分析、职业生涯规划专家讲座、职业生涯规划技术讲解、职业生涯规划个别辅导等。

7. 校史校情教育

主要目的是培养对学校的认同感。内容包括校史、校风、校训;近年来取得的主要成绩;有影响的校友及其主要成就等。实践途径主要是参观校史展览、举办校史讲座、为学校建设发展建言献策等。

8. 法纪教育

主要目的是培养学生对社会和集体认同感,提高遵纪守法的自觉性,为形成良好班风、舍风和学风,顺利完成大学学业提供纪律保证。内容包括学习法律知识,学习学生日常管理制度和奖惩制度等。实践途径包括开设法律课程、举办法制讲座、组织对学院管理制度的学习和考核、参观、观看警示片、加强日常管理等。

9. 安全稳定教育

主要目的是培养学生安全稳定意识,加强自我保护,以确保在校期间人身和财产安全。内容包括人身安全、交通安全、财物安全、消防安全教育等。实践途径可以是集中宣讲、知识竞赛、加强管理督促等。

10. 国防教育

主要目的是培养爱国主义精神和集体认同感，磨炼学生意志品质。内容包括军训和学习国防知识等。实践途径主要是军事训练、国防知识讲座、观看国防教育影片等。

另外，在新生教育方面还要做好以下几方面工作。①精心组织学生入学。热情接待，严格审查，规范手续，营造热烈气氛，富于职业特色，体现办学宗旨，代表学校水平，给学生留下良好的第一印象。②集中开展入学教育。精心制定入学方案，编制入学教育资料，通过集中开展职业认知教育，参观校园和校史陈室、参观实施实训场所、师生成果展、举办迎新晚会、制订职业生涯规则等形式，加深学生对职业教育的了解，对自己今后从事职业的前景、发展和必备能力和素质有较为全面和深入的认识，进而明确学习目的，增强学习信心，提高学习自觉性和主动性，使学生做好迎接新生活的思想、心理和方法准备。③扎实开展新集体建设。通过民主制订班级规章、班会、班级活动、文明班建设、讨论制定班级计划和目标、选拔班干部等形式，使学生融入到新的班集体中。④上好第一堂课。教师第一堂课，要给学生介绍学习计划、目标、要求，介绍本课程与所学专业、将来职业的关系，增强学生对大学学习生活的了解，提高其学习的自觉性和主动性。⑤创造良好的学习生活环境。教师要成为学生的知心朋友，处理事务要分开、公平、公正，需经常深入学生宿舍了解情况，帮助学生解决生活困难和思想问题，增进师生间的感情，稳定学生情绪，使学生在一个轻松和谐的氛围里生活和学习。

二、二年级的“为事”教育

(一)“为事”教育的目标

“为事”教育,就是要引导学生学习为事之能、培养为事之术、掌握为事之道。二年级重在“为事”教育,以科学文化素质、职业能力、创新能力和职业心理等职业素质培养为重点,同时加强社会实践锻炼,帮助学生奠定就业所需素质和能力基础。

(二)二年级学生的素质基础和身心特点

大多数学生渡过了入学适应期后,逐渐形成了对问题(诸如学习、人际关系、恋爱等)的个人看法。进入二年级,学生的个人看法和个性明显地表现出来,并表现出上升、下降错落交替的特点。基本情况是:已形成一定的专业化倾向和谋求职业发展的定位思路,渴望学到更多知识和技能;对在校的学习、生活及周边地理环境都有一定了解和熟悉,活动范围加大,渴望更多地接触社会,同时社会知识欠缺;情感较为丰富,精神生活要求和个性发展愿望较为强烈,需求较多。这个阶段有的学生由于处理不好专业学习和个人爱好的关系、社会工作和学习任务的关系、集体和个人的关系、恋爱和学习的关系等而出现思想障碍,造成学习成绩下降,对班集体关心程度减弱。

(三)二年级学生的教育对策

大学二年级是学生大踏步成长的时期,也是塑造大学生品格,打好“为事”基础的最佳时期。为此,要重点从以下几个方面进行教育。

1. 科学文化素质培育

主要目的是培养学生具有一定的审美理论和艺术鉴赏能力,具有较好的文学修养和基本的艺术技能,具备发现美、欣赏美、创造美的能力,具有开拓进取的健全人格和高尚的人文精神。

内容包括各类科学、文化、体艺等方面的知识与技能培养等。

实践途径可以通过开设科学、人文、体艺等选修课，鼓励学生参与艺术欣赏、音乐、绘画、书法、摄影、文学等交流活动，参加文化艺术节、合唱艺术节、歌手赛等校内外活动，参加演讲、朗诵、书画、Flash 设计、网页设计等比赛，加入各类学生社团，如舞蹈队、礼仪队、乐队、书画协会、摄影协会等。

2. 专业素质与就业能力培养

主要目的是培养学生具有较强的阅读能力、理解能力、自学能力和表达能力，有一定的组织能力、管理能力、协调能力和社交能力，具有宽厚扎实的专业知识和较强的实践技能，熟悉就业技巧，能熟练掌握一到两门外语和熟练运用计算机、网络等现代化工具。

内容包括各种与专业发展相关的知识和技能，以及与提升就业相关的素质和能力等。

实践途径包括参加各类专业素质竞赛活动（如计算机、英语、网络、人文社会学科等），举办各类专题讲座、报告、论坛等，参加专业学生社团活动，参加适合就业形势、专业特点的各种技能培训，如外语、计算机、管理、社交、礼仪、驾驶等技能培训等，开展就业技巧培训等。

3. 社会实践锻炼

主要目的是培养学生了解国情、认识社会、增进与人民群众的感情，增强社会适应能力和运用理论解决实际问题能力，提高综合素质，实现全面成才。有利于提高综合素质的各种知识和能力等。

实践途径可以是大学生文化、科技、卫生“三下乡”社会实践服务（或社会调查）活动，专业调查、专业技能实习、实践活动和勤工俭学活动等。

4. 创新能力培养

主要目的是培养学生具有对新技术、新观念的跟踪和鉴别能力，具有创新的意识、思维习惯、知识和能力。有利于提升创新能力的知识与技能等。

实践途径可以是举办专题报告或讲座，参加院、市、国家各级职业技能大赛活动和创新能力大赛，开展“大学生小制作、小发明、小创造竞赛活动”等。

三、三年级的“为业”教育

（一）“为业”教育的目的

“为业”教育，就是要引导学生立业、乐业、创业。三年级学生重在“为业”教育，以职业观、就业观、就业能力和创业能力等职业素质培养与提升为主，同时加强顶岗实习的指导和管理，帮助学生树立正确的就业观，为学生立业、乐业、创业做好准备。

（二）三年级学生的素质基础和身心特点

三年级学生已具有一定的专业知识和技能，渴望获得更多的专业知识和技能以适应就业需求；他们接触社会增多，就业意愿强烈但缺乏应聘技巧，多次应聘不成功时会意志消沉；受毕业去向、就业压力、就业待遇等问题的困扰，以及对国情、社会缺乏深刻全面的了解，对就业有着不切实际的要求，使得他们在心理准备、知识储备、职业技能等方面仍显不足；他们在对于重大切身利益及社会现实问题的思考和自理上还显得稚嫩和不成熟等。因此，对高年级学生要突出社会化教育，通过邀请就业指导专家做报告，及开展专门心理辅导，班主任、辅导员进行个别辅导等形式，引导学生认清方向，帮助其清除就业恐慌，转变就业观念。

（三）三年级学生的教育对策

对三年级学生的工作目标应放在巩固提高上，巩固以往的工作成果，力求开展有针对性的教育引导，全面促进学生思想素质和专业素质的提高，为他们即将走向社会做充分准备，主要开展以下几方面教育。

1. 就业形势和择业观教育

主要目的是培养学生良好的职业道德和操守，帮助学生认清就业形势，转变就业观念，掌握就业政策，帮助学生顺利毕业、高质量就业。

内容包括全面宣传党和政府对毕业生就业工作的重视和关心，宣传各级政府为毕业生就业所采取的各项政策措施；帮助毕业生全面了解就业前景，客观分析就业形势，正确处理就业与深造、职业与事业的关系；加强职业意识、职业理想和职业道德教育，引导毕业生正确处理个人与国家、集体的关系，树立他们到基层、到祖国最需要的地方工作的信念；教育和引导毕业生切实树立诚信就业、自主择业、勤奋创业的观念，确立“先就业，后择业，再创业”的就业观念和“行行建功，处处立业”的就业成才观。

实践途径包括开展以“诚信”为核心，以毕业设计、毕业论文答辩和就业协议等为主要考量的道德教育，开展顶岗实习锻炼与实践，定期举办就业形势与政策报告会等。

2. 就业指导教育

主要目的是教育学生掌握就业信息，掌握就业技巧，注意就业陷阱等，帮助学生顺利实现就业。

内容包括帮助学生了解就业信息，充分利用网络等现代信息手段拓宽就业信息渠道；帮助学生学习就业知识，提高就业技巧；警示学生注意就业安全等。

实践途径包括学习现代化通讯知识，开展就业技巧讲座或报告会，开展如“传销的危害”预防教育活动等。

3. 就业心理和身体素质培育

主要目的是培养学生正确的健康意识和科学的生活观念，稳定的心态和化解压力的方法，处理好与他人关系的信心和能力，正确评价自己、激励自己、调整情绪、坚定地朝着既定目标努力的能力，具有适应环境、善于调节的健康心理和一定的运动技能,具有胜任学习和工作所需的健康的体魄。

内容包括各类体育知识与技能和心理健康知识。

实践途径可以是开设满足体质健康达标基本要求的体育必修课和满足个性化健身需求的体育选修课,参加各类体育锻炼,开设心理学课程,开展心理健康知识宣传、状况普查、心理咨询与辅导、心理治疗等,举办健康生活方式教育、就业心理健康讲座、杜绝网络成瘾症讲座,组织观看录像、图片宣传等。

4. 感恩教育

目的是培养学生感恩的意识和知恩图报的深厚情感,教育学生为学校发展做一份贡献,为在校学生传递一份经验,把对母校的深厚感情化为实际行动。

内容是各种感恩教育活动。

实践途径包括开展为母校“做一件有意义的事情,提一条合理化的建议,留一个文明整洁的形象,建一个纪念性的标志”等感恩活动,开展“我为母校添光彩”“爱心献母校、文明留真情”主题实践活动等。

5. 创业教育

主要目的是开发和提高学生创业基本素质和创业能力,开展培养学生具有开创型个性和创业精神的教育活动,包括创业意识、创业精神、创业品质、创业能力培养等。

内容包括深化教学体制改革,促进创业教育与实践(如实施弹性学分制等),优化创业课程体系,创建大学生创业孵化基地等。

实践途径包括开设创业教育系列课程,使学生系统接受创业理论知识的教育;通过举办各种竞赛、活动等方式,使学生在社会实践中提高创业所需要的能力;建立创业实践基地,为学生创业提供资金、场地支持以及咨询服务,学生通过商业化运作来提高创业素质等。

随着我国高校毕业生就业制度改革的深化，市场主导、政府调控、学校推荐、双向选择、灵活就业、鼓励创业、面向基层的就业机制逐渐形成，加强三年级学生的毕业教育，教育学生正确对待毕业与就业显得尤为重要。

第二节　继续教育德育的全程性

继续教育是以终身教育理念为指导，以面授、远程教育或两种方式的有机结合为渠道，帮助除正规教育以外的成年人不断补充知识、提高技能、完善提升自我的一种教育形式。现代职业人在个人成长和发展的过程中，除了经历小学、中学和大学阶段比较系统的知识、技能和各种综合素质的培养外，还会根据工作过程中自身职业发展的需要，参加各种各样的职业知识和职业技能的培训。随着我国经济社会的发展和现代职教体系的构建和完善，人们主动参与这类培训的意识会越来越强，这样的培训会越来越广泛。人们在职业发展和社会实践活动过程中，其思想道德水平的高低，会严重影响自身的前途和命运。因此，在后天的知识传授、技术技能培训等继续教育活动，以及人们在岗位实践的过程中，同样存在不断提高参与者思想道德水平等德育教育问题，并始终贯穿于继续教育和岗位履职的全过程。

一、知识传授的德育

各类继续教育机构在开展各类知识传授的课堂教学中，都应要有计划地体现育人功能，所有教师都负有育人职责。

（一）通过教师的人格言行渗透

在教学活动中，教师是主导、受教育者是主体。教师的言谈举止、工作作风、精神面貌、仪表教态、人格魅力等无一不影响受教育者,对其产生示范作用。身教重于言教,教师的人格言行不仅影响着教师的形象和威信,也在潜移默化中影响着受教育者高尚情操和美好心灵的形成。因此,教师必须具有正确的政治观、高尚的道德品质、强烈的责任心和使命感,把“教书”与“育人”统一起来,既为受教育者传授科学文化知识,又努力当好学生人生道路上的向导,以自己优良的人格言行为表率,真正成为正确世界观、人生观、价值观的传播者,高尚的思想品德的身体力行者,学生成长道路上的指路明灯。

（二）理论教学活动过程中要渗透德育内容

文化课教学应结合课程特点有机地渗透德育内容。专业课教学应结合职业特点和专业技术发展的需要,对学生进行职业理想、职业意识、职业道德、爱岗敬业和创业精神的教育。

（三）考核评价体系中需体现德育内容

学业评价办法关系到受教育者素质的评定,也指导着他们的学习目标和方向。考核评价内容要注重全面性和综合性。考核方式有开卷与闭卷、口试与笔试、平时作业与期末测试、理论道德认知与实际表现相结合的考核。实施上述考核方式,就必须构建科学的课程成绩评价体系,采用“知行合一”的评价标准,确定学科总成绩中各部分的合理比例。通过考核评定,可以约束受教育者行为,引导其重视自身综合素质的提高。

二、技术技能培训的德育

技术技能培训,是强化受训者职业技能,提高其全面素质和综合职业能力的重要环节。通过这一环节对受训者进行辩证唯物主义教育,培养其理论联系实际的能力、实事求是的科学态度、严肃认真刻苦钻研的学习精神。同时,也是对受训者进行劳动观念、吃苦耐劳、职业意识、敬业精神、职业纪律、职业责任感、团队意识教育培养和促进其形成优良职业道德行为习惯的重要途径。

(一)指导教师要带动

技术技能培训指导教师应以身作则、为人师表、精通专业、耐心辅导,用高超的技能、高尚的品格、模范的职业道德带动影响受训者。

(二)培训基地要影响

技术技能培训基地建设应体现企业氛围,突出企业文化和企业精神,形成企业育人环境。充分利用企业的思想政治工作优势,继续教育机构和企业一起共同对受训者进行思想政治教育、品德教育、纪律教育、法制教育和相关岗位的职业道德规范教育和养成训练。

(三)技能竞赛要渗透

继续教育机构应经常性地组织、参加各级各类技能竞赛活动,使受训者更好地掌握专业技能,增强职业意识,提高职业能力,从中感受竞赛的乐趣,体会职业的高尚,发现自我的价值。

(四)实践评价要导向

在上岗实习、顶岗实习中加大职业道德评价内容,强化职业道德教育,使受训者体会到职业道德在职业生涯中的重要性,自觉按照行业的行为规范严格要求自己,养成遵纪守法的良好习惯。

三、岗位履职的德育

现代职业人在履行岗位职责的过程中,同样存在需要不断提高自身德育水平,爱岗敬业、开拓创新、建功立业,履职尽责为社会发展做奉献的问题。职业人如何提高德育水平,做到“履职尽责”,我们认为需要做好以下几个方面。

（一）加强思想修养

古人云："正心以为本，修身以为基""身不修则德不立，德不立而能化成于家者盖寡矣，而况于天下乎"。所以，我们只有自觉加强思想修养，不断提升自己的精神境界，才能更好地履职尽责。一要有事业心。把工作当事业，对工作始终保持热情、充满感情、怀有激情，始终保持昂扬向上的精神风貌，让工作成为自己割舍不下的一份牵挂。二要有感恩心。要感恩时代，感恩社会，感恩单位。常怀感恩之心，才能有强烈的使命感和责任感，才能对单位有感情，对工作有热情，对事业有激情。三要有敬畏心。就是要学会怕一些东西，怕规则、怕纪律、怕人言。敬畏职业，才能敬业、乐业、勤业、创业；敬畏纪律，才会设法管住自己的大脑、管住自己的手脚，规规矩矩做人，踏踏实实做事；敬畏人言，才能注意形象、格调高雅、品行端正。

（二）加强业务学习

"能力不足的根源是学习不够。"学习是破解能力不足、知识本领恐慌的重要途径。学以立德、学以增智、学以创业，才能不断提升履职尽责的能力。一要学政策，工作才能站位准确，才能更主动地融入大局、服务大局。二要学业务，做领导才能有威信，做管理才能让人服气，做服务才能让人欣赏，做技术才能让人佩服，工作才能有办法，发展才能有成效。

（三）加强实践锻炼

明朝大哲学家王廷相讲："讲得一事，即行一事，行得一事，即知一事，所谓真知矣。徒讲而不行，则遇事终有眩惑。"只有自觉投身到实际工作中，在实践中摔打，在实践中成长，在实践中累积经验，才能不断提升自己的工作效能。一要工作不畏多。多做事多历练，多历练成长快，一件事情做好了是经验，做不好是教训。二要工作不怕烦。这考验的是一个人的意志和定性，体现的是一种奉献意识和担当精神。三要做事不畏难。俗话说：不怕山高，就怕腿软，做事不畏难，自无难人事。讲的就是面对困难应当有一种不畏难的精神状态,才能克服困难、战胜困难。

(四)要有创业热情

"一个人若是没有热情,他将一事无成"。怎么创业?有条最基本的方法就是"想做事、乐做事、敢做事、善做事",有百折不挠的劲头,有不达目的誓不罢休的韧劲。

(五)要有创新激情

创新是一种时代精神,越是在个人发展的关键时期越是需要创新,只有创新才能破难局、开新篇。创新是一种突破性思维和实践的统一,最需要激情,创新与激情是两个最为难得和宝贵的因素,无论对于一个人或一个团队都是极具冲击力的。有创新的激情,才能对事业充满兴趣和执着,才能激发出干事创业的进取心,才能攻坚克难、持之以恒地创造出辉煌的业绩。

(六)要有团队精神

"个人因团队而更加强大""没有完美的个人,只有完美的团队""时代需要英雄,但更需要优秀的团队"等是陆建军所著的《团队精神》里面的重要观点。所谓团队精神,就是大局意识、协作精神和服务精神的集中体现,其基础是尊重个人的兴趣和成就。核心是协同合作,最高境界是全体成员的向心力、凝聚力,反映的是个体利益和整体利益的统一,同时保证组织的高效率运转。没有人能依靠一己之力获得事业的成功,唯有依靠团队的力量才能有个人的发展。

第三节　人生发展德育的全程性

在人生发展过程中,随着人们年龄的不断增长,人的不断成熟,其在职业岗位上表现出来的德育水平也会不断提高。所以企业在对员工进行职业教育的过程中,应根据不同年龄段的职工素质水平和身心特点,有针对性地提出德育要求,系统设计德育教育方案,让德育教育贯穿于员工人生发展的全过程。

一、职业青年德育

青年群体具有其自身特点:精力充沛、思维活跃、敢于尝试、敢于表达、学习能力较强,这些鲜明的个性特征容易引导,但也具有先天不足的弱点,即干事不彻底,思想先进行动滞缓等等。这就需要做好青年工作,首先要从达成共识开始入手,引领和带动他们与社会发展大局同步共振,激发他们对行业和企业的热爱之情,树立自豪感,更好地投身工作之中。

(一)职业青年德育现状

认真分析职业青年的德育现状,是有的放矢地做好职业青年德育教育工作的重要前提。当前,由于企业现状与职业理想,工作内容与部分所学专业,复杂多变的社会关系与处置能力,发展空间的需求与企业的实际状况,对待遇及用工方式的期望与企业现实,以及企业对员工忠诚度的要求与职业青年的就业观念等方面存在差异,职业青年的德育现状及言行有以下六种表现。

1. 积极向上型

这部分职业青年思想进步、上进心强、有责任心、工作努力,具有开拓进取精神,对企业的忠诚度高,能力也相对较高,这是广大职业青年的主流。

2. 安于现状型

这部分职业青年有一定的进取心,工作积极性尚可,但思维保守僵化,缺乏忧患意识,容易产生安于现状,不思进取,不求过得硬,只要过得去的思想观念。这一部分人员也是思想较为活跃的部分,拉一把便会成为积极向上型职工,放一放便会成为消极落后型职工。

3. 随波逐流型

这部分职业青年的思想差异明显,缺乏进取精神。他们对企业的依存度不高,工作不求精益求精,只图马马虎虎过得去,一切都是“跟着感觉走”。

4. 无所适从型

这部分职业青年在主观意识上有上进的愿望,但由于文化程度和教育环境等因素的影响,往往表现出很希望在技能和综合素质上能有所提升,但是又不知从何处入手,对未来和自身的职业生涯缺乏规划,奋斗目标不是很明确。

5. 事不关已型

这部分职业青年就是事关自己前途的事也表现出一副无所谓的样子,好像完全和自己没关系。甚至可以谈笑风生,可以轻率说事,总是用所谓的“淡定”来慰藉自己。

6. 消极落后型

这部分职业青年大都表现为无上进心,工作、学习的态度消极懈怠,思想态度不端正,责任心不强,劳动纪律差,学习不自觉,工作不主动,关系处不好,缺乏自我认识。这部分职业青年虽是极少部分,但对其他员工的成长进步影响极坏,是职业青年德育工作的重点。

(二)职业青年德育教育内容

在社会发展的过程中,我国信息化步伐也在不断加大,在多种传播媒体中,人们获取的信息和知识也在不断增多。因此,新形势下,职业青年的德育工作也需要不断创新工作内容,使信息量和知识得以不断加大和更新,具体开展可参考以下几方面的教育活动。

1. 理想信念教育是核心。通过开展社会主义核心价值观的教育和形势政策教育，使广大职业青年参与国家经济社会建设和改革开放的信心进一步增强，能辩证地看待改革，发展和稳定的关系，从而促进其为小康社会的全面实现而不懈努力。

2. 道德教育是关键。通过开展社会公德和职业道德教育，可以使职业青年具有良好的公德意识和个人修养，具有团结合作意识和爱岗敬业精神，促进其健康成长和发展。

3. 法纪教育是重点。强化对法制教育的重视，通过引导职业青年守法、懂法、知法、学法，使其自觉用法制对自身行为进行规范，激发起争做守法遵纪好公民的热情。

4. 心理健康教育是基础。强化对心理健康教育的重视，通过培养职业青年良好的心理调试能力，使其具有自强、自律、自爱、自尊等优良品质及优异的个性心理品质，使其能够以健康的心理和良好的心态充分应对现实生活中纷繁复杂的挑战。

(三)职业青年德育教育方法

为促进职业青年健康成长，对德育工作方法的创新具体可以从以下方面进行。

1. 现代思维代替传统思维

通过以民主的、开放的、系统的、动态的思维方式代替封闭的、片面的、静态的思维方式，使其自主意识得以不断强化。

2. 多向渗透代替单向说教

积极构建全面、系统、科学的工作格局、促进职业青年的德育教育从单向说教逐步向多向互动转变，从被动接受教育不断向自我教育和主动接受教育转变。

3. 无形教育代替有形教育

通过坚持将“务虚”与“务实”工作相结合，在对潜移默化方法的灵活运用中，实现对职业青年的德育渗透，使其灵魂的洗礼和情感的陶冶得以在不知不觉中进行,从而促进其对实实在在德育教育的感知。

4. 科学性方法代替经验型方法

将科学的理论作为指导,采取有针对性的工作措施、手段和策略,在对创新与继承、广泛性与先进性、分类指导与普遍要求、实践活动与理论灌输、典型宣传与一般号召、人格示范与工作研究、反面教育与正面教育、文化熏陶与精神塑造、主观感化与塑造环境、目标激励与历史比较、软件建设与硬件建设等关系的正确处理中,促进其健康成长。

二、职业中年德育

职业中年的德育教育的问题不仅涉及员工个人职业可持续发展的问题,也涉及企业竞争力与可持续发展的问题。不少企业已经把中年员工的德育教育纳入了议事日程。通过对中年员工的德育教育和专技技能培训等方式,以期让人到中年的员工,克服职业倦怠,走出职业高原,焕发职业活力与创造力。

(一)职业中年的现状问题

对中年员工来说,他们既是改革开放的受益者,又是改革开放的牺牲者;他们既对环境、政策、企业有诸多不满和抱怨,又对自己的国家、企业拥有年轻人所没有或少有的浓厚感情;他们既想赶上时代发展的高铁,又不想付出必要的努力与改变;他们上有父母需要赡养,下有孩子需要找工作、就业、结婚,还要面对来自年轻一代的顶岗压力。由此,他们会焦虑、情绪不佳、郁闷乃至于抑郁,职业态度显得消极负面,职业技能跟不上发展,职业绩效停滞不前,甚至倚老卖老,玩世不恭。

(二)职业中年的德育教育措施

提升职业中年德育教育的主要途径与方法,可以从以下几个方面进行。

1. 塑造阳光心态

“心乐者,则境皆乐。”只要心态是快乐的,做什么事情、遇到什么情况、身处什么境地都会是快乐的。一个人有什么样的心态就会产生什么样的结果。积极创造人生,消极消耗人生,心态决定命运。

通过心理疏导,让中年员工认识到一个积极阳光的心理状态不仅有利于工作,更是人生幸福之本。多一点阳光,少一点阴暗;多一点积极,少一点消极;多一点正面,少一点负面;多一点快乐,少一点抱怨。

2. 训练健康养生

人到中年正值壮年时期,在这个阶段里,在外工作繁忙,在家上敬老下养小,要承受来自家庭、工作、社会各方面的压力,同时还要面临各种疾病的威胁。因此,人到中年的健康与养生管理,不仅关系到职业发展,而且关系到中年员工下半生的人生幸福。人的寿命长短,与先天禀赋的强弱和后天的培养关系密切,而后天的养生的最佳时期莫过于中年。中年健康养生的关键是:驱除业已存在的不健康的生活方式,通过培训和训练,养成健康的生活方式和习惯。

3. 经营幸福家庭

中年员工工作生活压力大,疲于应付,很容易忽略了人生最重要的东西——家庭。因此,为中年员工补上经营幸福家庭这一课十分必要。目前很多家庭不幸福的主要原因是夫妻双方认识不到家庭的重要性。不少人认为工作比家庭重要,结果夫妻感情日渐枯竭;不少人认为赚钱比婚姻重要,结果家庭关系濒于破裂。而那些深谙家庭重要性的人,则想方设法像经营工作和客户那样经营自己的家庭幸福,从而,让幸福的家庭成为职业发展的加油站,成为人生依赖的避风港。

4. 远航快乐工作

工作着并快乐着是一种境界，在这样的境界里，工作不再是一种无奈和应付，而是一种生活方式，是幸福人生的一部分。让中年员工快乐远航，需要从四个方面着手：一是管理自己的工作与生活压力，掌握应对压力的方法与技巧；二是建立和谐的职业关系，转换思维方式，反思自己与同事、上司、下属的关系，提高工作情商，强化团队合作意识，关系和谐融洽，工作才能愉快顺利；三是关注自己身上的职业倦怠与职业高原现象，通过学习新知识、新技能，做到与时俱进，保持职业技能的可持续性，提升职业业绩，创造职业的第二个辉煌；四是重新燃起工作与生活的热望，为工作，为企业，更为自己！

三、职业老年德育

在职老职工曾经为企业的创建、辉煌和发展做出了巨大贡献，成为企业中的“元老级”员工，他们的言传身教对年轻一代员工的影响巨大，对企业是否能够持续和谐发展起着承上启下的重要作用。把握好在职老职工的特点，做好新时期、新形势下在职老职工的德育工作，将老职工真正变成企业的宝贵财富，持续提升老职工工作热情，有效发挥老职工的优势，这样企业才能达到持续发展的效果。

（一）职业老年的现状问题

年龄在50岁至60岁之间的在岗职工，俱是上世纪70年代以后参加工作的，他们见证了中国四十多年来的变迁，更是企业发展的“开拓者”。但是也同样存在着一些问题：由于种种因素的影响，他们无法接受更高的教育，特别是工作在一线的老职工文化程度普遍较低，学历以小学、初中为主，对新事物接受较慢，再学习能力较差，很多既往的经验已经不能适应新时代企业的要求；受特殊事件、计划经济体制、社会转型期等因素的影响，在职老职工膝下一般有2个或者2个以上的子女，上有年迈的老人需要照顾，下有子女的上学、就业、婚姻等问题，在职老职工由工作初期到现在的薪酬涨幅与物价相比，所承担的家庭负担显得更重；50—60 岁的老年人，处于生理上和心理上的“更年期”，工作经验和人生经验丰富，加上家庭负担较重，自然会有一些牢骚和自满情绪，所以对人对事会有不冷静的言行，但一般对事不对人。

（二）做好职业老年德育工作的对策

做好在职老职工的德育工作，要把握“政治上尊重、生活上照顾、精神上关怀”的“三个原则”，真正把在职老职工转变成企业的宝贵财富。

1. 做到政治上尊重

积极鼓励在职老职工参与党政联席会议，参与专题组织生活，参与民主生活会议，全力保障他们在企业重大事务中的参与权、监督权、表决权，切实做到政治上尊重，使在职老职工对企业发展有使命感与责任感。

2. 做到生活上照顾

一是要关注思想动态，经常到老职工所在岗位或家中走访，态度真诚地与老职工讲政策、谈形势、拉家常，充分把握老职工思想动态变化，及时解决思想上存在的问题。二是要关注生活解决困难，定期征集老职工工作、生活中的意见和建议，切实帮助家庭解决生活难题。

3. 做到精神上关怀

坚持教育到位，对老职工提出持续提升要求，送技能、送知识到岗位。坚持关心到位，德育工作与物质帮扶齐头并进，达到送亲情、送温暖、送关怀的目的，使老职工感受到组织的关心和爱护，有效激发老职工工作热情。

第六章

职业教育德育途径的多样性

职业教育德育的途径是教育者对学习者实施德育时所选用的渠道。德育途径是为德育任务、目标服务的。德育任务的多重性、目标的广泛性决定了德育途径的多样性。本章系统阐述职业教育德育工作要实现理实一体、知行合一，必须统筹发挥好课堂教学主渠道，加强日常思想政治教育、校园文化熏陶、网络德育、社会实践等渠道作用，实现职业教育德育工作的多样性。

第一节　课堂教学

课堂教学作为教育教学改革的重要阵地，是学生进行德育理论知识学习的重要路径，是培育高素质劳动者和技术技能型人才的基础环节。

一、德育课程设置

按照《教育部关于全面深化课程改革落实立德树人根本任务的意见》（教基二〔2014〕4 号）文件精神，职业教育德育课程设置要按照“德育为先、能力为重、全面发展”的教育理念，切实遵循教育规律和学生成长规律,充分把握“思想性、时代性、适宜性、可操作性和整体性”,着力培养学生的个人修养、社会关爱、家国情怀、国际视野,更加注重学生的自主发展、合作参与和创新实践,突出将“爱学习、爱劳动、爱祖国”教育要求融入到各项教育教学活动中,培养学生学习兴趣、养成劳动习惯、坚定爱国信念。

(一)保质保量完成规定动作

在《中共中央宣传部教育部关于进一步加强和改进高等学校思想政治理论课的意见》中,明确规定了高职院校必须开设的2门课程是思想道德修养与法律基础和毛泽东思想、邓小平理论和三个代表重要思想概论,此外,还要开设形势与政策课。

(二)根据实际丰富自选动作

在进行自选动作设计时,要“两贴近”:既要贴近企业、行业、产业对高素质技术技能人才的需求标准,又要贴近高职学生的自身实际。同时,还要做好“两结合”,一是要理论与实践相结合,二是要必修课与选修课相结合,创造性地开设多种学习型、实践性德育课程。

以重庆工业职业技术学院为例,学校成立由行业企业共同参与的职业道德教育委员会和教学指导委员会,准确定位人才培养目标,准确分析学生职业道德和专业技能的构成要素,系统设计职业道德课程和专业技能课程,即包括职业素养课程模块、职业知识课程模块、职业能力课程模块和职业拓展课程模块。

二、德育课程标准

(一)德育课程的目标追求

学生通过了解社会、了解职业、了解自己,树立正确的职业理想,掌握职业道德基本规范以及职业道德行为养成的途径,陶冶高尚的职业道德情操。提高学生学习德育知识的积极性,认识德育知识的应用价值和文化价值，促使学生树立正确的世界观、人生观、价值观。培养学生养成遵纪守法的习惯，并让学生懂得哪些是自己的合法权益，使其成为具有良好法治意识的合格公民。养成敢于同社会不良风气做斗争，养成勤于分析社会现象的习惯，养成刻苦钻研的学习习惯。帮助学生客观地认识和评估自己，规划职业生涯，帮助学生把价值观同知识的学习、素质的发展、能力的提高协调起来，把个人追求与社会需求结合起来，树立正确的就业观，做好就业前的准备。

（二）德育课程的总体要求

坚持用中国特色社会主义核心价值观牢固构筑当代职业院校学生的世界观、人生观、价值观，扎实开展"中国梦"教育，使广大职业院校学生自觉将个人价值和国家发展相结合，始终保持教育教学的正确方向。坚持理论联系实际，贴近实际、贴近生活、贴近学生；坚持开拓创新，不断改进教育教学的内容、形式和方法，逐步实现教学方式方法多样化、实践教学规范化和教学手段现代化。

（三）课程任务

①职业素养课程模块：除《思想道德修养与法律基础》《毛泽东思想和中国特色社会主义理论体系概念》和《形势与政策》等思想政治理论课外，还包括大学语文、高等数学等文化基础课，以及企业认识、职业伦理等课程。重点加强学生政治素养、思想素养、道德素养、心理素养、文化素养、行为素养的培养和敬业精神及合作态度教育，学时约占总学时的35%。

②职业知识课程模块：除专业基础课程外，还包括就业指导、职场安全与企业文化等课程，主要为学生形成专业能力，增强就业能力打下坚实基础，学时约占总学时的20%。

③职业能力课程模块：除专业核心课程外，还包括集中阶段性实习实训、顶岗实习及系列就业、创业实践类课程，重点培养学生专业能

力，提升创业能力，其学时约占总学时的35%。

④职业拓展课程模块：包括学生社团、科技创新、社会实践、人文与科学素质选修课，重点培养学生可持续发展能力和综合素质，学时约占总学时的10%。学生素质拓展课须修满15学分，社会实践须达到6学分以上，才能毕业。

（四）实施建议

①转变教学目的观，要由传统的传授知识，培育智能，切实转到知、情、信、意、行这五个方面的有机统一上来。

②转变教学主体观，由过去的老师主讲，学生主听，课堂"教师主体"转为以学生为主体教学模式。

③转变教学方法观，要彻底废除传统的"注入式""灌输式"封闭教学方法，倡导实行自主、合作、探究的学习方式与启发、讨论、参与的教学方式。

三、德育课堂管理

长期以来，德育课教学面临着诸多的压力与困惑，其中最突出的就是德育课上的学生有"三不"特征，即不感兴趣、不愿动脑、不会运用，从而出现了"两远离"，即德育课远离学生，学生远离德育课。课堂，作为教学实践的主要阵地，当前在管理上存在以下不足。一是课堂气氛沉闷，学生缺乏学习积极性、主动性和参与性。二是管理缺失，教师自己大讲特讲，而学生则"精神旅行"或者寻机开小差或者变身"低头族"，且迟到、早退甚至旷课，这样的现象成为困扰当前课堂教学的一大难题。三是教学形式乏味，教师照本宣科、满堂灌，学生则充耳不闻。针对上述课堂管理困境，根本还需学校、教师和学生协同努力，就学校方面来讲，要将"口头重视"落实到教学中，进一步加强软硬件投入，如配备高素质的德育教师，变合班大课为小班教学等。就教师方面来讲,不仅要强化自身在备课、授课、指导、作业及课堂氛围营造方面的知识,还要讲究管理艺术,要变“一言堂”为“大讲堂”,通过激发学生主动学习、积极思考、踊跃发言、分享学习心得、在生活中实践运用等环节,让广大的学生变被动接受为主动思考;就学生方面来讲,要进一步明确学习目标,切实体会“为人”作为生命之基的重要意义,主动思考,积极实践,认真体会。

四、德育课程考核

德育是全面发展教育的一个重要组成部分。职业教育德育课堂教学工作必须遵循职业人才成长规律,契合时代发展需求,在认识和实践方面不断进行探索和创新。同时,德育评价是德育工作的重要组成部分,它对德育工作起着导向性作用。科学合理的德育评价会进一步促进职业教育德育工作的健康发展。为此,应积极构建以学生、学校、家庭、社会和用人单位为主体的,学生与学校、家庭、社会和用人单位“四维”德育的评价体系,把对学生的评价,由原来以学校为主,变为家庭、社会、用人单位共同参与,综合评价,形成对学校、院系、班级学生德育工作状况和学生的培养与全面发展的反馈督导,实现学生成长成才全过程动态管理,使德育工作取得实效,充分体现“立德树人”“以生为本”“以满足社会需求为目标”的教育精神。

第二节　日常思想政治教育

职业院校学生思想政治教育,包括思想政治理论教育和日常思想政治教育,其中思想政治理论教育是主渠道,日常思想政治教育是主阵地。学生日常思想政治教育作为深化思想政治理论教育的关键,是提高学生思想政治有效性的重要手段。职业院校学生日常思想政治教育是辅导员和班主任等高校学生工作人员根据党的教育方针和高校思想政治教育工作的要求,从职业院校学生的成长成才规律和认知发展规律出发,针对不同学生的思想实际和成长发展,以党团组织、班级和学生社团为载体,从人文素养、职业精神和职业技能学习、生活细微入手,对职业院校学生的政治素质、思想品德、心理健康以及其他养成教育进行潜移默化影响的一种教育手段。主要任务是及时发现和解决学生在思想、学习和生活等各个方面存在的问题,保证学生身心健康成长和学习任务的顺利完成,促进学生成长为既掌握熟练技术,又坚守职业精神的高素质技术技能人才。职业院校学生日常思想政治教育活动开展的载体包括:党团活动、社团活动、班级工作、辅导员工作和公寓管理。

一、党团活动

(一)党团活动的地位和作用

中共中央、国务院2004年的16号文件《关于进一步加强和改进大学生思想政治教育的意见》中指出:要把大学生思想政治教育摆在学校各项工作的首位,贯穿于教育教学的全过程。要充分发挥党的政治优势和组织优势,创新活动方式,使党团组织成为开展思想政治教育的坚强堡垒。

职业院校党团组织对大学生思想政治教育发挥导向和保证的作用、载体和渠道的作用、推动和落实的作用。各级党团组织特别是基层学生党团组织是青年学生学习政治理想教育、弘扬主流向上的文化的重要渠道,是整个学生群体的排头兵和领头雁,是校园文化建设的主要力量。各级学生党支部和共青团支部是凝聚人心、交流情感、提高认识、升华思想的重要阵地,既是校园文化活动的主要组织者和倡导者,更是连接学校和广大学生的桥梁和纽带。各级学生党支部和共青团支部为青年学生的成才成长搭建坚实的平台,使青年能够充分发挥自身的自主性,张扬青春活力与激情,促进全面发展。以班级为单位,有利于形成团结竞争向上的学风、班风、校风。

(二)职业院校党团组织思想政治教育工作的实践

职业院校在发挥党团组织开展日常思想政治教育工作的过程中,要做到以下几点:第一,要充分发挥组织优势,除统一固定时间开展理论学习外,加强党课培训,增强党团组织的服务功能,让学生“学党史、知党情、感党恩,跟党走”,让学生从思想和行动上拥护党、热爱党、积极主动向党组织靠拢;第二,要充分发挥党团组织骨干成员的战斗堡垒作用。学生党团组织的成员多数是学生队伍中的佼佼者,他们思想活跃、品行端正、学习优良、素质全面,在同学中具有一定的感召力和影响力。因此,充分发挥他们的战斗堡垒作用对于加强学生的思想政治教育和构建和谐校园具有深远意义。如组织“党员(干部)文明示范寝室”挂牌活动,“党员(干部)亮身份”活动,从而增强组织吸引力;第三,通过适应职业院校学生特征的重要节假日庆祝活动,唤醒党团组织的活力。如开展七一党建知识有奖竞答活动;第四,充分利用新媒体扩大党团组织思想政治教育传播作用。如利用QQ、微博、微信、网上党(团)校传播正能量,特别是利用网络组织生活会的方式破解职业院校学生顶岗实习时期,思想政治教育活动时间难以克服的难题。

二、社团活动

(一)社团活动的地位和作用

作为校园文化建设的重要组成部分的学生社团活动,对满足学生交际、结伴、归属的需要以及发展学生的兴趣和特长、开阔知识领域、完善认知结构、交流技能水平等方面都具有不可替代的作用。以自由、活泼、新颖为特征的社团活动，能起到调节学生的生活方式和健全学生心理平衡机制的作用。

学生社团是职业院校学生按照自愿原则和合法章程，为了共同兴趣情感而结合在一起开展活动的非正式学生群体。职业院校在开展学生社团活动中，无疑能将树立道德价值导向和培养道德情感、道德行为品质、团结友爱以及审美情趣等德育功能渗透进来，从而实现学生社团的德育功能。

职业院校学生社团德育功能的内涵决定了其能够承担的德育功能，职业院校学生社团正确的发展方向、高品位的定位、完善的社团管理体系和高质量的活动，保持了职业院校学生社团活动的强大生命力，促进了职业院校社团德育功能的发挥。

（二）职业院校社团活动的德育实践

重庆工业职业技术学院在发挥学校社团德育功能的过程中，形成了学校领导在政策决策上给予重视，在经费和资源使用上划定专用款项和场所，在学校团委的指导下，形成社团管理规范制度和章程，通过“多专+多能”（即多个依托专业建设发展的社团和多个以技能、兴趣交流为基础的兴趣社团）的社团体系构建，着力加强政策引导、制度创新、文化建设、结构整合、示范引导等，充分发挥了职业院校社团德育功能道德价值导向作用，道德情感陶冶作用、道德行为规范的作用、道德的整合认知实践作用和学生职业创业适应的作用，提高了思想政治教育工作的实效性，加速学生的社会化进程，提高学生的综合素质能力和思想道德水平，提升了学校的德育工作实效。通过发展全校形成了院系二级社团体制，建设成了40多个兴趣社团和30多个专业社团，依托社团吸引了3000多名学生成员，丰富和完善了学院第二课堂活动，涌现出一批文艺、体育和技能先进个人，在挑战杯、运动会和技能大赛等各类竞赛活动中屡创佳绩。

三、班级活动

(一)班级活动的地位和作用

思想政治工作是职业院校班级管理工作的重要任务,是促进班风建设、树立良好学风的前提和根本保证。职业院校班级思想政治工作的目标任务是以马列主义、毛泽东思想、邓小平理论、"三个代表"重要思想为指导,坚持党的教育方针,以培养全面发展、具有高素质和创新能力的社会主义事业的建设者和接班人。班级思想政治教育工作在学院的统一安排部署下,进行爱国主义、集体主义、社会主义教育,营造积极向上、团结奋进的班级氛围,使班级成为一个人人争先的战斗集体。

(二)班级工作思想政治教育实践

班集体作为团结、凝聚、引领学生的重要基层组织是做好学生思想政治教育工作的重要环节,班集体的班风、学风状况是全班学生思想政治水平、学习能力的综合体现。搞好班级思想政治工作,就能够建立良好的班风,不但能使全班学生遵守校纪校规,规范自己的言行,而且能够逐步培养学生良好的道德品质,提高思想觉悟,树立学习的自觉性,主动地为班集体做贡献。在班级思想政治工作中,学生最反感的是说教式,大道理满篇,空话大话满口,是搞不好班级思想政治工作的。在职业院校班级思想政治工作中,需通过开展多种形式的思想政治教育活动,加强对学生的思想教育,提高学生的政治觉悟。如结合"两课"的学习,在班内开展座谈会,主题班会,辩论赛等系列主题活动,使全班学生从单一地接受思想教育,变为主动学理论,在学习中交流经验,提高思想觉悟,并在行动上也注重落实。

从学生的实际情况出发,从学生关心的问题出发,是搞好班级思想政治工作的出发点和突破口,也是思想政治工作取得成效的关键。

如职业院校学生,很多都是高考失利的学生,他们对自己考取的学校不满意,很多都处于消沉状态,给他们分析职业院校的就业前景和行业趋向,探讨学历晋升的渠道,让学生重新恢复信心,从而开启美好的大学生活。

在班级工作中抓好班委部这支学生干部队伍,发挥其自我管理、自我服务、信息交换等多方面的作用,了解班级动态,解决学生在学生、生活和就业上的实际困难,凝聚班级,形成学风正,班风清的和谐班集体。

四、辅导员工作

(一)辅导员工作的地位和作用

2004 年,中共中央下发《中共中央国务院关于进一步加强和改进大学生思想政治教育的意见》,提出要采取有力措施,着力建设一支高水平的辅导员、班主任队伍。十六号文件指出"思想政治教育工作队伍是加强和改进大学生思想政治教育的组织保证。大学生思想政治教育工作队伍主体是学校党政干部和共青团干部,思想政治理论课和哲学社会科学课教师,辅导员和班主任"。"辅导员、班主任是大学生思想政治教育的骨干力量,辅导员按照党委的部署有针对性地开展思想政治教育活动,班主任负有在思想、学习和生活等方面指导学生的职责。"十六号文件配套文件《教育部关于加强高等学校辅导员班主任队伍建设的意见》指出:"辅导员班主任是高等学校教师队伍的重要组成部分,是高等学校从事德育工作,开展大学生思想政治教育的骨干力量,是大学生健康成长的指导者和引路人。"

(二)辅导员思想政治教育工作实践

目前,学生思政教育、日常管理、心理健康、就业等是辅导员的核心工作。辅导员作为学生成长过程中的"知心朋友"和"引路人",需切实贴近学生成长和情感发展的实际，用真情投入的职业态度凝聚学生，用细致入微的专业工作服务学生，用亲身示范的职业操守引领学生。

一是要尊重学生，与学生交心，在学生之间进行平等的、无障碍的沟通。特别是职业院校的学生，在学业成绩等方面可能存在一定的不足，有明显的自卑心理，这就需要辅导员通过“发现自我”“找到优势”“鼓励特长”“超越自我”的系统教育引导，帮助学生正视自己，努力做到尊重学生的主体地位，认可学生的实践动手能力优势，以人育人、以情感人。

二是创造性地搭建交流平台。在充分发挥主题班团活动等传统阵地作用的基础上，要创造性地运用好 QQ 群，博客、微博、微信、E-mail 等新媒体工具，真正融入到学生群体中去，真正通过沟通交流，解决实际问题，增进师生友谊，创造和谐的育人氛围，培养学生的人文情怀、品质意志。

三是坚持以学生为本，突出“关心和服务”，不断提高学生工作管理水平和效率。辅导员在学业、就业、心理健康、安全教育等重点问题上要有强烈的责任意识和服务意识，要密切关注学生身心成长、学业提升，职业素质养成过程中可能遇到的困难和问题，特别是当前就业压力大，学生期望值过高等造成的心理落差问题，要尤其关注，及时给予关心和帮助，真正做到关心好、服务好、引领好学生的成长成才。

四是充分挖掘校园文化资源，培养学生的德育实践能力。通过加强校风、学风建设，将学校优秀典型，代表正能量的人物事件进行广泛宣传，使学生树立“比学赶超”的正向竞争意识；同时，辅导员也要通过自己在日常工作中“敬业、专业、乐业”的工作态度和示范带动，使学生在潜移默化中感受教育，达到“春风化雨，润物无声”的成效；开展丰富多彩的校园文化活动，引导学生积极投身社会实践，比如通过暑期社会实践、雷锋爱心实践等活动增强德育的实效性。

五、公寓管理

(一)公寓管理的地位和作用

学生公寓是职业院校学生日常生活和学习与交流的重要场所,是学生进行社会交往的重要平台,是进行学生德育教育的重要基地,所以搞好学生公寓的育人工作是建设良好校风、学风的重要手段,是构建和谐校园的基础工作,是教育学生成为优秀人才的必要条件。因此,职业教育中应该把公寓的学生思想教育放在学生德育教育的重要位置,不但不能削弱,更应该进一步加强,充分发挥职业院校全面的育人功能。

(二)公寓管理在思想政治教育中的实践

1. 健全学生公寓的规章制度,实现规范化管理

没有规矩不成方圆,切实可行的公寓管理制度是全体公寓管理人员和服务现象的共同行为守则,是公寓管理和服务的运行基础,是做好学生公寓服务、管理工作的前提。在职业院校公寓制度建设中,要注意其教育性、群众性、稳定性、适应性和学生心理特征上的特殊性。不但对学生的生活、学习、卫生、纪律等进行约束,而且对公寓管理员、服务员、勤杂员等也要进行约束,这也是搞好管理、服务学生的重要保障。建立好管理制度应当包括两方面:一方面是建立好学生宿舍管理制度,另一方面是建立好后勤管理用人制度。为此可以建立《学生公寓管理办法》《学生公寓文明公约》《学生公寓管理员考核细则》等。建立健全的科学管理制度可以使学生宿舍有章可循、有规可依,无形之中让学生养成遵章守纪的好习惯。

宿舍是学生生活最重要的场所,直接和学生接触的宿舍管理者,其品质特征,服务理念和服务态度,对学生思想政治教育具有重要影响,因此要采取竞争和评优的政策,工资按等级发放,对于那些对工作

不负责的人一定要予以批评和处分,甚至解聘。对于有突出贡献的人一定要给予表扬和物质奖励,从而促进宿舍管理者参与学生思想政治教育的热情。

2. 寓服务于管理之中,充分发挥公寓服务育人的功能

学生公寓在育人方面不但非常重要,而且有其得天独厚的优势。学生公寓内服务活动无处不在、无时不有,每个学生都生活在各种服务之中。学生公寓要做好服务育人工作,首先必须给学生提供安全卫生、舒适温馨的生活条件:水、电、暖的安装维修都要保证质量,及时快捷;公共卫生打扫彻底,不留死角;外来人员出入登记,严格执行门禁制度。其次,把服务育人自觉地寓于公寓服务的全过程之中。就是说,要把学生公寓的每一项服务过程看作是育人过程,在每一服务环节都有意识地开展工作。高校学生公寓服务的各个环节都有育人功能,必须将服务育人寓于服务全过程。

3. 注重公寓文化育人建设

环境育人是人才成长的重要条件。加强公寓文化建设,营造良好的育人环境,寓教育于环境之中。职业院校公寓文化是指院校宿舍内所呈现的一种特定的文化氛围。它集精神文化、制度文化、形象文化三者于一身,通过思想政治教育、制度规范、课外活动及环境建设,塑造以科学的世界观、人生观和价值观为核心的宿舍精神,培育学生良好的道德品质、文明行为习惯和健康的心理素质,营造有利于学生健康成长的宿舍氛围。学生公寓管理其目的就是建设好宿舍文化。所以公寓文化的建立必须要求学生有良好的素质基础、有科学的管理体制、并且综合各个部门之合作,在这个基础上我们还应当注重开展公寓文化活动。开展公寓文化活动对提升公寓文化品位,陶冶学生情操,营造良好的育人环境,丰富学生公寓文化生活有重要的作用。如重庆工业职业技术学院车辆工程学院着力开展“生态文明宿舍建设”,在平时大家喜欢乱丢垃圾的地方摆上生机盎然的盆栽植物,配上畅游

在水中的金鱼和可爱的小龟。生机盎然的植物表达了车辆工程学院学子朝气蓬勃,奋发向上的进取精神,金鱼在水中游表达了学生与学校的鱼水情深,提醒同学们爱自己生活宿舍、爱车辆工程学院、爱学校;可爱的小乌龟引用“龟兔赛跑”的故事,激励同学们不畏艰难,坚持不懈,勤于探索知识和技能,定能在高等职业教育背景下成为祖国现代化建设所亟需的高素质技能型人才。此项举动,一下止住了学生乱甩垃圾的坏习惯。

4. 加强公寓管理员队伍建设,提高管理服务水平

学生公寓工作人员既是服务者、管理者,也是教育者,是一支不上讲台的育人队伍。他们的思想作风和工作态度对学生有着直接的影响。因此,要发挥公寓管理功能,实现育人目标,必须大力提升学生公寓队伍素质。针对当前职业院校学生的自然特征和公寓管理的要求,首先,要选派一批具有过硬的思想政治素质、爱岗敬业的奉献精神、吃苦耐劳的服务意识、认真负责的执行能力,并具有一定管理经验的人员从事学生公寓管理工作。其次,加强在岗人员的思想政治、文化知识和业务技术培训,提高职业道德水平、业务素质和业务能力。再次,领导好楼管会学生干部,让更多的学生参与到学生公寓管理工作中来,充分发挥学生的自律作用。第四,引入新的竞争激励机制,优化人员结构,提高管理服务水平。

5. 创新管理模式,增强管理实效

公寓管理的目的是营造良好的育人环境,实现公寓的育人功能。而公寓管理的对象是有知识、有思想、有技能、有个性的职业院校学生,因此,公寓管理者必须根据当代职业院校学生的特点,不断创新管理方法和手段,达到增强管理实效的目的。一是要理顺“齐抓共管”与“职能管理”的关系,只有在职能部门的统一协调下进行齐抓共管,才能形成合力,增强管理效果。二是坚持“管理”和“服务”一致的原则。必须一手抓管理,一手抓服务,以管理推动服务,以服务带动管理,管

理与服务并举。三是处理好"管"与"教"的关系。"管"与"教"是互为作用,相互依存,目标一致的统一体,只有将"管"与"教"融为一体,才能取得好的效果。四是做到技术管理与服务引领相结合。应积极引入摄影像系统、门禁系统等新设备强化管理,让管理服务更科学、更规范。

第三节 特色校园文化熏陶

校园文化是指以学生为主体、教师为主导的在特定的校园环境中创造的与社会和时代密切相关且具有校园特色的人文氛围、校园精神和生存环境。① 校园文化包括物质文化、行为文化、制度文化和精神文化四个方面,作为文化范畴的校园文化,也是先进社会文化的重要组成部分。

现代职业教育作为人才培养的一种重要类型,其特色校园文化在德育中占有重要地位,职业院校校园文化是引导人、鼓舞人、激励人的一种内在动力,它能通过多种途径,有效地将社会的价值观念、道德原则隐藏在自身的形成结构中,通过灌输、启迪、熏陶而潜移默化地影响和形成学生的思想行为和道德品质。职业院校校园文化建设已成为落实学校德育的重要载体,因此必须切实加强校园文化建设,以充分发挥其德育功能。

一、校园文化德育功能

职业院校校园文化德育功能,是指校园文化氛围可以对学生产生思想、道德、行为、人文等方面的积极影响,从而提高其道德修养,使其

① 肖应生:《论高校校园文化的德育功能》,载《思想政治教育研究》,2008年第4期。

逐步养成高尚的道德品质和良好的行为习惯。现代职业院校校园文化具有其自身独特的丰富内涵,它对学生思想品德的影响是多方面、多层次的,其德育功能主要体现在以下几个方面。

(一)教育导向功能

学校是培养人才的场所,它的中心任务是培养中国特色社会主义合格建设者和可靠接班人,而现代职业教育的目标是在此基础上,培养高素质技术技能型人才。这种教育的导向功能主要表现在校园文化对学生的潜移默化、耳濡目染、暗示渗透上。校园文化能借助精神纽带吸引和团结校内所有成员,并通过唤起和激发每个人对学校的真挚感情而把校园和人紧密联系在一起,培养和激发他们的群体意识和团队精神,在校园内建立起高度和谐、信任的群体氛围。

(二)规范行为功能

校园文化的约束是通过两种方式实现的:一是显性的制度文化的直接约束,即学校各级各类组织的管理和各项规章制度的规范,也称之为“硬约束”;二是隐性的校园文化氛围的间接约束,即通过校园风气和舆论而形成的潜在压力,也称之为“软约束”,在此基础上形成现代职业院校实现科学管理的基础。校园文化“软”“硬”兼施,有效地制约着学生的行为,使他们能自觉地规范自己的行为,努力提高自身素质,养成良好的道德品质。

(三)情感陶冶功能

整洁优美的校容校貌、布局合理的功能分布、现代先进的实训设施装备、规范有序的校园秩序、爱岗敬业的师表形象、追求卓越的敬业精神、丰富多彩的校园活动、和谐融洽的人际交往、民主平等的师生关系等,时刻感染和浸润着学生,使之产生积极的情感体验,激励学生热爱学校、热爱生活、热爱人生,培养学生专业、敬业、乐业的价值追求。

(四)健全人格功能

学生品德形成的重要标志之一就是学生有健全的人格,培养学生的健全人格是德育的重要内容。校园文化作为学校的集体意识和群体文化，通过软文化和硬文化、显性物质和隐性情感对学生的思想意识、行为方式产生重要的熏陶和浸润作用，从而使其思想和行为烙上鲜明的文化印记。因此，健康、文明、高雅、丰富的校园文化是学生个性和谐自由发展的广阔天地，更在为学生树立正确价值观，发挥自己的个性潜能，完善、健全学生的人格方面起着不容忽视的重要作用。

(五)审美教育功能

校园文化具有美育功能，它通过环境、氛围、设施、活动等，以生动的形象影响和教育学生，帮助学生树立崇高的审美理想、正确的审美观念和健康的审美情趣，培养学生感受美、鉴赏美、表现美、创造美的能力。校园文化在培养学生正确的审美观点和审美能力方面有着不可替代的作用。它能陶冶学生的心情，促进学生品德的发展。一是校园文化能给学生提供审美的认识论基础，教给学生一定的审美知识和审美方法。二是校园文化为学生提高审美能力提供了丰富的物质条件，如不同形式的文化活动、优美的校园环境、幽雅的设计与布置、精美的工艺品、各种独特造型的建筑等，都能对学生进行不同形式、不同层次的审美教育。

二、校园文化德育活动

良好的德育能促进校园文化的健康发展，健康的校园文化建设能引导和保证德育目标的实现。因此，构建符合职业院校校园实际、显现校园特色的校园文化，充分发挥校园文化的德育功能，是职业院校落实科学发展观、建设和谐校园、开展社会主义荣辱观教育的一项重要任务。心理学研究表明，人在潜意识状态下接受的信息中，影响、印迹最深刻，保持最牢固，最易构成稳定的认识结构。因此，职业院校德育工作在切实加强思想政治理论课教学、党团活动、形势教育等方面带有明确的德育目的，进行有计划、有组织的德育显性教育的同时，应注重校园文化等弥散于各种校园因素中的所谓的隐性教育，寓教于景、寓教于乐、寓教于理、寓教于心，调动学生主动参与的积极性，产生“润物细无声”的良好德育效果。

（一）寓教于景，营造优美的校园物质文化

校园物质文化主要是指学校的校园环境，借助设施、实验实训设备等硬件建设，整洁有序的校园布局、独具风格的特色建设、优美高雅的文化设施、富有特色的校园环境。无论是风景秀丽的自然环境，还是体现办学宗旨或精神文化的人文景观，本身就是一种无形的教育力量，使人从中受到感染教化和启迪。苏霍姆林斯基曾把校园文化环境的教育作用形象地比喻为“学校的墙壁也说话”，也就是讲学校的各种建筑和设施，都应精心设计、合理布局，既要体现艺术性给人以美感，更要注重文化内涵，达到陶冶学生情操，启发学生美好想象的目的，使之成为无声的诗，立体的画。

（二）寓教于乐，创造科学的校园行为文化

职业院校德育的核心是思想政治的建设，它的根本任务就是教育学生树立正确的“三观”，坚定学生的集体主义、爱国主义品质和强烈的社会责任感。在这方面，校园文化以特有的形式和优势发挥着积极的作用，通过丰富多彩的文化活动，寓教于乐，易于为学生所接受，使之在活动中受到熏陶和启迪。校园行为文化是校园文化的“重头戏”，也是最能体现实践意义的环节，其具体形式多样化，如文体娱乐、社会实践、志愿服务、学术科研等。尤其是树立典型，争先创优活动，如创先争优先进个人和集体、自立自强先进个人评选等为学生树立标杆和典范，促进学生奋发成才。根据学生特点不同、精心设计活动项目、策划活动内容、做好活动宣传、强化活动管理、追求活动效果，力求发挥活动的凝聚学生、服务学生、引导学生的作用。加强对各类社团的指导,一手抓管理、一手抓繁荣,重点扶持理论学习型社团、学术科技型社团,积极鼓励社会公益性社团,正确引导兴趣爱好型社团,保障社团健康发展,让学生在充满活力的校园活动中,轻松快乐地规范行为、认同观点,综合素质得到锻炼和提高。

(三)寓教于理,完善合理的校园制度文化

职业院校应坚持立德树人,构建以人为本的民主与科学规范相一致的制度文化,目的是让学生生活在一个规范有序而又富有人文气息的环境中,其实质是强调以人为本的思想与科学管理手段的结合,建立以发展人的主体性、提升人的生命价值、富有人文关怀、创新活力与团队精神的制度文化体系。先进的教育管理制度文化是先进校园文化的一个重要表征。职业院校制度文化是在日常管理中逐步形成的管理机构和规章制度,体现学校个体特有的管理理念、人文精神和运行效度,它的重点是建设之后的运行和参与。职业院校学生良好的思想道德品质和行为习惯是在各种内、外因素的合力作用下形成的,不仅要依靠晓之以理、动之以情的思想政治教育,还必须辅之必要的规范性、约束性的管理教育,也就是说,德育要"软约束"和"硬约束"有机结合,双方渗透,功能互补,目标一致。从而使学生能够深刻领会到制度的约束性、自觉导向自我行为的规范性,同时,更加体会制度建设和执行中的人文情怀,使自我成长与社会发展,自我实现与国家建设相统一,既做一名高素质技术技能人才,又成长为具有高尚道德情操的合格公民。

(四)寓教于心,培养高尚的校园精神文化

校园精神文化建设是强化校园文化德育功能的核心,需要全体师生的共同参与和努力。提炼和铸造校园精神,首先要树"正气"。使学生树立正确的价值观、人生观、道德观、荣辱观,让爱国主义、集体主义、社会主义成为学生精神生活的主旋律;其次要讲"诚信"。诚实守信是人类一切美德的基础,是塑造大学生健康人格的重要因素,是学生思想政治教育的重要内容,也是学校健康发展的重要保证。广泛开展以诚信为主题的教育活动,使诚信这一主题成为大学生活乃至今后人生道路永恒的旋律;第三,要有"爱心"。爱心文化的培养是造就和谐人际环境的基础,以"人"为主体,关心人、容纳人、激励人,既是加强学校全体人员团结与和谐的需要,也是增强整体观念和凝聚力的保证。要创建良好的校园精神文化,就应该形成师生员工相互信任、和谐共处的宽松氛围,求实、民主、高效的领导作风,忠于职守、言传身教、为人师表的教风,勤奋、多思、好问的学风,热爱科学、严谨务实、勇于创造的校风,营造出有利于大学生成长的优质环境,唤起大学生的成才欲望,使校园文化真正发挥其德育功能。

(五)寓教于业,培养规范的校园职业文化

校园职业文化建设是强化校园德育功能的目标,是现代职业教育依托自己的办学目标和办学条件形成的特色校园文化,需要学校通过专业课程,全仿真的实验实习训练,专业化的操作流程等学习、实践环节,不断锤炼学生的敬业精神,追求精益求精的乐业精神,和干一行爱一行的勤业精神。同时,还要在办学上充分开展校企合作,引企入校,构建学校人才培养的企业文化生态,实现产业文化进教育,企业文化进校园,职业文化进课堂的目标。

三、校园人文环境建设

职业院校作为现代教育体系中不可或缺的一个组成部分,其校园人文环境建设对于德育工作的开展,起着举足轻重的作用。所以职业院校应该结合自己的办学目标和办学条件,紧紧围绕职业教育的办学理念和理想追求进行创新,从而形成自己鲜明的特色,依托校园人文环境于无形之中对学生开展德育。现代职业院校人文环境建设需要注重在精神文化、物质文化、制度文化方面进行创新。校园的精神文化、物质文化、制度文化,三者相互联系,相互渗透,形成了职业院校校园文化不可分割的有机整体。

(一)精神文化建设

精神文化是校园文化的核心内涵,它既是校园文化建设的最高目标,也是校园文化建设的基本出发点。职业教育形式随历史变迁而发展演变,其校园精神文化,被很好地继承并不断创新。职业院校立足于办学理念与校园文化氛围的精神文化建设有利于开展德育于无形氛围之中。

1. 明确办学理念

办学理念,是对"为什么办学、办什么学、如何办学"的最为高度和理性的提炼。办学理念作为办学思路、办学经验和理性思维的结晶,蕴涵要丰富,为学校德育工作指明了方向。

职业院校教育的发展,不同于本科院校,职业院校所培养的是高素质技术技能型人才,因此突出技术教育特点,强调以技能应用为主的办学思想,是职业院校办学理念的根本所在。办学理念的实际表征为高职院校的办学定位与校训。如重庆工业职业技术学院坚持"以服务为宗旨,以就业为导向,走产学研结合发展道路"的办学指导思想,秉承"厚德、强能、砺志、奉献"的校训,坚持"以行业为先导,以能力为本位,以学生为中心,以就业为目标"的办学理念,确立了"立足重庆,辐射西部,面向全国,培养以先进制造业和现代服务业为主,生产建设一线急需的高素质应用型、技术技能型、复合型人才"的办学定位,明确了"把学院建设成为以装备制造、汽车摩托车、电子信息、现代服务业等为主要特色的全国高素质应用型、技术技能型、复合型人才培养基地和具有一定国际影响、特色辩明的应用技术型高校"的办学目标。

2. 校园文化氛围建设

职业院校校园文化氛围是依托校园文化实现德育工作的载体。职业院校学生在校期间有三个重要任务:学会知识和技能,完善人格,养成习惯。学会知识和技能,属于教学范畴,教师教,学生学,本着“理论够用,技能必需”的原则,学会各门课程的“符号系统”和操作程序。完善人格与养成习惯,却不是简单地靠教师“教书”完成的,更重要的是要在学校“育人”环境下形成和养成。这个“育人”环境,就是学校的校园文化氛围。校园文化氛围反映学校的历史传统、精神风貌和目标追求,包括校园环境、校园文化活动、校风等。校园环境属物质文化建设,校园文化活动与校风创新,是校园精神文化创新的重点方向。

作为职业院校,在依托校园文化活动实施德育工作的过程中,要紧密围绕“职”的特色出新意,让学生在充分体现“职”氛围的文化活动中激发热情,受到影响,得到教育。如,重庆工业职业技术学院是以机械、汽车、电子类专业为特色职业院校,每年开展“创业杯”职业技能大赛,涵盖了汽车电器故障诊断大赛、CAD 绘图技能大赛、机器人制作大赛等 10 个大项,30 多个小项;每年开展“艺抒年华”校园文化艺术节,涵盖了各类文艺活动;定期开展静思大讲堂等专题报告会等,引领校园文化活动的潮流,为学生丰富课余文化生活、陶冶情操、完善品格、提高技能,提供了广阔的平台,使学生在积极参与“职”文化的竞赛、活动中,提升对所学专业的兴趣,加强学习动力,培养起职业道德。

各类社会实践活动、调研、综合素质拓展班是校园文化德育活动的有效拓展,如关爱留守儿童,到革命老区开展实践,开展党的政策宣讲等“三下乡”活动,有效地增强了学生的社会责任感,了解了国情、民情、事情等。

3. 校风学风建设

职业院校的校风,是对学生的思想、行为产生最直接最重要影响的因素之一。好的校风促进学生优秀品质、良好习惯、优良职业道德的养成。职业院校的校风,最主要的体现在教风和学风两个方面。

职业院校的教风与学风是紧密相关不可分割的。职业院校学生属高考第四、五批录取学生,与普通高校相比,学生在学习习惯、学习能力、学习方法上存在着较大的差距和一定问题,这就要求职业院校必须形成不同于普通高校的教风和学风氛围,从而更好地完成教与学的任务。

良好的教风是良好的学风形成的前提。教风的优劣直接影响学生价值观、世界观、人生观的形成。因此,职业院校必须努力建设一支强健的"双师"型教师队伍。这些教师,除具备一般高校教师所具备的广博的知识,娴熟的教学能力,专业的实践素质和能力外,还要具备高度的责任心和良好的职业品质。职业院校更重要的是"职"方面的教书育人,培育的人才是直接进入到生产第一线的技术工人,因而,就要求从事职业教育的教师,在以精湛的业务技能教书育人的同时,更要用良好的职业道德和高度的敬业精神,言传身教,潜移默化地感召、影响学生,从而让学生产生积极学习、积极实践的热情,并形成良好的行为习惯,养成良好的职业道德,进而形成良好的学风。

此外,职业院校校园文化氛围的形成,还要在校园网络文化、公寓文化、办公室文化等方面,充分体现职业院校的职业特色。也就是,在高职校园文化氛围中,要真正做到使以"职"为特色的文化无处不在,无处不对学生形成影响,产生教育,从而真正使校园精神入耳、入眼、入脑、入心。

(二)高职校园物质文化创新

校园物质文化,是校园显性文化。它既是构建校园文化的物质基础,也是校园的精神文化活动的物质载体,主要包括校园建筑、花草树木、壁画雕塑、教研设备、资料图书等。

1. 形成“处处体现职教特色”的校园物质文化

在美化环境、装饰校容的设计和构建上，应当更多地体现职业特色，引入企业文化，让学生在校园里体味到职业的氛围，在校园里感受到企业的气息。不一定有雄伟的楼宇，但必须有宽敞适用的实验、实训车间和教学工厂；不一定有名人字画，但企业文化、职业特色的标识应随处可见；不一定有固定的教室或课堂，但必须有先进的实验仪器和实训设备；不一定在图书馆有多少名人传记言情故事，但必须有最前沿的专业书籍和职业企业文化类报刊。将企业精工于经营的理念融入学生的学习生活中，构建起企业生产经营的教育文化生态。

重庆工业职业技术学院建立了与磨具、数控相关专业相配套的校办工厂，在校内实训基地建立了力帆汽车培训中心、东风小康培训中和博世汽车故障诊断中心，长安福特班项目理实一体化教学场地等，具有明显企业文化特征的实训中心，处处有“职”文化存在，处处有“企业”文化熏陶，使学生在耳濡目染中逐渐对企业熟知，对专业热爱，对职业热衷，从而更加明志钻研，增强学好专业技能的兴趣与信心，树立起坚定的职业理念和职业道德，为把自己培养成为合格的高素质技术技能型人才发奋努力。

2. 体现职业院校特色的文化印迹

物质文化不单体现在固定不动的建筑上，职业院校还可以体现在校徽、校标、校报、学报、校园网、宣传册等物品上，设计职业院校自身特有的标记。不仅让在校的师生感受校园物质文化，也通过人与物质的流动，将校园的特色文化带出校门，带向社区、企业，与社会产生融通，让社会品评学院的校园文化，进而改进、提升校园物质文化建设，使职业院校的物质文化真正体现出特色，经得起品评，潜移默化地对学生形成影响，为学生打上深深的校园文化的烙印。

创新和提升职业院校的物质文化建设，用独特的风格和内涵影响学生的观念、言行，对促进良好教风、学习和良好言行习惯的养成，培育学生崇尚职业追求、恪守职业道德，具有深远的意义，于无形中提升德育效果。

（三）制度文化建设

如果说物质文化是校园文化的载体，那么制度文化是校园文化得以顺利实施德育工作的规范和保障。职业教育占据中国高等教育半壁江山，然而由于创建时间短，许多制度尚不健全，层次较低，需要通过建设真正的职教特色的校园文化，有效推动职业院校的德育工作。完善的规章制度是促进职业院校德育工作顺利开展的重要依据。职业院校制度文化创新，要从规范和优化管理制度、服务制度两方面进行。

1. 管理制度建设

管理科学、民主，是职业教育目标实现和校园文化开展的有力保证；建立完善的竞争机制，鼓励学生在竞争中求生存、求发展，是职业教育德育工作顺利进行的主要推动力。

管理制度创新，就要在教学管理、学生管理、人事管理等方面，制定切合于职业院校实际的规章制度，并使之具备特色性、可操作性、科学性、规范性。如，制定切合职业院校学生实际的校纪校规，体现职业院校特色的竞赛管理办法，以更好地约束学生的言行，激发他们的兴致和潜能，从而更好地完成学业，熟练技能；制定规范的校园文化制度，使校园文化活动更加活泼有序地开展，营造浓郁的职业特色校园文化氛围；制定完善的顶岗实习制度等，使学生在激励与感召中养成爱岗敬业的好习惯。将外在的管理文化，转变成为学生的内在文化，发挥职业院校校园文化的德育功能。

2. 服务制度建设

职业院校校园文化建设应结合职业院校学生的实际，重在以生为本，服务育人。职业院校的学生，比之于普通高校，在学习能力、学习习惯、心理等方面,有着一定的差距。因此,必须给学生以更多的人文关怀,用更多的优质服务来激励学生的学习热情。所以,职业院校必须在为学生服务方面采取积极有效的措施,让学生鼓足学习知识和技能的勇气,为能成为一名合格的高素质技术技能型人才而感到自豪。

加强服务育人需要创新服务制度,从学生的实际需求出发,在教学、生活、活动等方面加强规范,从而调动学生的学习、生活积极性。在教学、实践环节,制定合理且操作性强的学习实训制度;在后勤服务及公寓管理方面,充分考虑“以生为本”思想,实现文明就餐和文明管理;在校园活动上,既要把握特色,又要顾及大多数同学,实现全员参与。

职业院校创新服务制度,营造和谐的职业特色氛围,有利于职业院校学生增添专业学习的信心和技能修炼的动力,有利于职业院校培养品质优秀、专业合格、技能过硬的高素质技术技能型人才。

总之,职业院校校园文化建设,要立足职业教育,突出“职”的特色,在继承优良传统和普通高校优秀校园文化的基础上,构建独特的、充满意蕴和活力的校园文化氛围和体系,以特色鲜明的校园文化,有力推动职业院校德育工作的发展,进而实现职业教育的长足进步。

第四节　网络德育

随着网络技术的迅猛发展,网络时代的全面来临,网络正日渐深刻影响着社会政治、经济、文化等领域的发展进程,更给职业院校学生思想政治教育工作带来了前所未有的机遇与挑战。一方面,对德育发展的现代化来说,网络所带来的既有德育手段、内容、方式的现代化,更有德育发展的崭新空间和亟待开拓的新领域,网络丰富了德育教育的内容。另一方面,互联网作为无国界、开放性的媒体工具,正日渐深刻地影响和改变着学生的学习生活方式、行为模式、思维方式、话语体系等成长要素。由此也将网络与职业院校德育紧紧联系在一起,使职业院校网络德育呈现出德育空间的虚拟性与开放性、德育理念的平等性与主动性、德育内容的丰富性与共享性、德育方式的交互性与实时性等特征。

一、网络德育的功能

网络德育包含基于网络的德育和网络环境下的德育,所谓网络的德育是为了加强和改进德育,在新形势下把网络作为德育的新阵地、新工具、新方法,是德育局部体系的构建和改良;而网络环境下的德育,是指在网络化的社会环境下,从理念到机制、从内容到形式、从手段到方式,传统德育如何发展、创新,是全面构建德育体系和架构。

基于上述对网络德育的解析,网络德育的功能可大体分为建设性功能和服务性(社会发展的需要、技术进步的需要、学生成长的需要)功能。网络德育的建设性功能是建立在网络这一特定的、虚拟的、开放平台之上,不断创新德育内容、传播形式和路径以解决当前职业教育德育工作面临的诸多问题,如德育内容更新速度慢,德育与学生的现实思想状况结合不紧,德育的有效性不强,学生网络行为失范等现实问题。网络德育的服务性功能,是建立在当前大数据、网络化技术飞速发展的基础之上,立足于信息时代发展的需要和学生成长发展的需要,着力运用大数据和网络技术对职业教育德育工作的内容、形式、路径和阵地建设等领域进行与时俱进的革新,不断促进职业院校德育工作现代化。

二、网络德育内容

网络德育的内容应根据信息社会发展和学生成长发展需要来设计,既要有能够满足基本需求的,具有普遍性价值的“大众套餐”,同时也要有符合个性成长需要，具有特殊性价值的“私人订制”。与此同时，还应针对当前网络德育的新情况，充分发挥网络的平台优势，将当前困于理论灌输较多、文字表述较多的德育表现形式，向学生期待的且乐于接受的能够激发学生学习兴趣的图片性、语音性和实践性内容发展。为此，“大众套餐”应突出思想引领、行为指导、规则意识、心理健康和素养提升，具体可通过网络思想政治教育、网络道德教育、网络文明行为指导、网络法律法规、网络心理健康、网络信息素养进行全面系统提升。“私人订制”，则主要是在“大众套餐”的基础上，切合学生个性化成长需要，着力于更加丰富的教育平台构建，如网游式的情境体验；用更加丰富的表现形式，如运用图片、语音、视频等视觉媒体予以展现；更加宽广的学科范围，将网络德育细化于艺术、体育、创意等多学科学习中，使德育内涵更加丰满。

三、网络德育体系与构建

基于网络德育的时代性、技术性等特征，网络德育体系构建应遵“接地气”的与时俱进原则。网络德育不仅要将传统德育的内容通过网络这一媒介进行传递，更需关注的则是随着网络技术的日新月异、网络空间的无限开放，作为德育主体教师和学生，其信息获取模式、行为模式都在不断地发生新变化，因此，在构建网络德育体系过程中，务求要“接地气”，只有契合主体需求才能做到有的放矢。同时更要尊重网络技术发展的时代性和先进性，不断更新观念和路径。着力从以下四个方面进行构建。

（一）建设动静相宜的监测系统

网络德育作为信息时代的一种新型教育类型，追求教育效果是开展网络德育教育的根本价值追求。因此，网络德育教育内容的组成、教育路径的选择、教育平台的构建等要素的构成就要遵循网络和教育的基本特征，要遵从教育主体和其学习需求的基本特征，为此，需要建立健全以基本道德修养为根本，以时代进步需要的道德提升为变量的动态检测系统，使网络德育能够不断顺应并满足时代对职业人才道德的需求。

（二）建设开放丰富的阵地平台

网络作为一个虚拟的开放空间，能够快速地对大量信息进行及时处理，且对事物的展示形式更加多元，特别是当前视频技术的极大发展，为更加形象生动的信息传播开辟了更加广阔的空间。因此，可充分发挥网络的优越性，在当前建立专门网页、网站的基础上，充分发挥QQ 群、微信、网上在线教育和各类资源库等新媒体的优势，不断拓展网络德育的新平台。

（三）建设素质精良的师资队伍

德育工作是一项科学性、思想性、政策性很强的工作，必须有一支革命化、年轻化、知识化、专业化的德育工作队伍。这支队伍要符合以下要求。第一，具有深厚的马克思主义理论素养，具有马克思主义的价值观、道德观、判断力和自觉维护这种价值观和道德观的责任感。第二，具有较高的网络技术水平，能够驾驭网络，并能灵活应用网络表现形式，及时解决网络传播中的问题。第三，具有敏锐的洞察力和快速反应能力。第四，具有强烈的开拓进取精神。五是要具有较强的凝聚力和感染力。这支强有力、能直接开展德育工作的队伍主要包括：专职宣传干部、政工干部、学工干部、辅导员、班主任和有影响力的学生领袖等。

（四）营造浓郁优雅的环境氛围

文化与环境相互渗透，健康积极的网络文化有助于优良网络环境的营造，优良的网络环境有助于塑造积极健康的网络文化。伴随着信息网络技术的飞速发展，网络环境不仅成为影响学生思维方式、行为模式、价值取向等重要因素,也成为影响职业院校网络德育的重要方面。同时,也带来一些负面影响,如沉迷网络、肆意发布虚假信息等。因此,需要营造诚信、公正、理性、慎行的清雅网络环境文化。积极倡导科学使用网络资源,用理性、公正的态度甄别网络信息,用规范、审慎的意识约束自我网络行为。

四、网络德育评价

网络德育评价是检验网络德育指导思想是否得到充分贯彻,网络德育的特征及内容是否得到充分体现,网络德育方式方法是否有效,进而网络德育根本目标是否实现的主要手段,是实施网络德育工作的重要环节之一。网络德育评价必须在网络德育的指导思想和内容的规定下,制定科学的评估指标体系,运用科学的评估方法,对网络德育现状做出全面客观的分析和评价。一是将科学使用网络资源,自律网络使用作为等内容纳入学生诚信档事和综合素质测评;二是网络德育评价要注重德育客体的道德认知与社会道德准则的一致程度,德育客体的道德信念对现代德育目标的接受程度,德育客体的道德行为对现代德育目标的遵循程度。①

第五节 社会实践

社会实践主要指在校学生利用寒暑假和其他课余时间,进入社会进行社会接触,提高个人能力,完成课题研究等内容,是个人通过发挥自己的聪明才智和技能技术对社会做出贡献的活动。职业院校社会

① 于岩等:《高校网络德育工作实效性的理论基础与评价标准》,载《当代教育理论与实践》,2012 年第 6 期。

实践活动和课堂理论学习同等重要,更是每个职业教育学生的必修课。

一、顶岗实习

中国特色职业教育人才培养模式中,强调工学结合、校企合作、顶岗实习的重要性。"实践出真知",顶岗实习就是学生参与社会实践的重要途径。

顶岗实习是职业院校与用人单位经协商后,安排学生在一定时期内(一般为学业最后一年)参与用人单位某一岗位的工作实习,是学生在指定师傅的带领下进行学习和工作的一种学习方式。顶岗实习与普通实习实训有所不同,顶岗实习需要完全履行职工最基本的职责。其目的在于提高学生的专业技能和实践能力,以拓宽大学生的学习环境和发展空间。它大大地弥补了学生专业技能不能得到良好锻炼的缺失,为学生从学生角色转变为社会、企业角色,从学校环境转变为工作环境,从依赖父母转变为独立生活等做好了铺垫和准备,也为上岗就业提供宝贵的经验。

(一)顶岗实习前期准备工作

①职业院校、企业单位以及地方政府的直接支持。因此,实习之前必须成立一个多方参与的协同领导机构,全面领导调控顶岗实习工作。

②职业院校的准备工作。在学校内部制定顶岗实习计划、选拔和集训学生、建立专题管理网站、根据企业反馈的岗位需求信息进行混合编队,并选拔高素质、具有丰富经验的带队教师。建立顶岗实习质量保障体系,提供顶岗实习的各种教学、管理资源,发挥学校信息技术优势,解决实习点分散的问题,使各个实习学校成为一个"共同体"。

③派发实习队。根据企业反馈的岗位资源信息,学校将实习队派

发到各个实习单位。并由带队教师负责,校方领导、院系领导应与企业负责人接洽沟通,安排好学生的工作、待遇、食宿等事宜。

(二)顶岗实习实施阶段

①个人登记、信息的建立。在顶岗实习实施过程中要建立实习学生、实习专职指导教师的个人登记表和个人信息表,以便师生之间随时进行联系和沟通,解决实习过程中的各种问题。带队教师应强调参与顶岗实习学生的人身财产安全,并及时提供相应的帮助。

②实习检查。在实习过程中,实习专职指导教师应随时进行检查,监督、指导实习的进程,纠正实习中的问题,保证实习效果。通过专题讲座、研讨活动、观摩学习、师傅点评等方式,提高顶岗学生的实际操作能力。

③实习记录。要求学生如实填写实习日志,记录实习进程,随时了解情况,为以后上岗积累经验。

(三)顶岗实习总结阶段

①个人报告、总结。实习结束后学生要写出实习的个人总结报告,总结经验教训,如实习中出现了哪些问题,是如何进行解决的,对实习有哪些建议等等。

②总结实习成果。对实习的过程进行综合评价,考查其是否合格,是否有效地与工作和社会要求相适应。

③实习成绩。实习结束后根据现场单位的鉴定、实习指导教师的考察、实习记录、实习成果、实习总结报告综合分析和评定,最后确定学生的实习总成绩,并进入学生档案,使之成为学生个人简历的一个组成部分。

(四)顶岗实习中应避免的问题

①引起地方政府的重视。尽量让地方政府认同学校顶岗实习的工作和成效,争取地方政府能对区域内的企业给予具体的经济上激励

或政策上支持,使企业乐于接纳顶岗实习并认真落实。

②平衡学校与企业的利益。学校要与企业就顶岗实习达到共识、实现双赢。从企业长远发展来看,校企合作对企业的科技创新、人力资源开发,企业形象提升及业务拓展都有积极意义。学校也要重视和关心,学校应多开辟与企业的沟通管道,保障实习生实习期间的安全和权益,按照现代化企业管理制度的模式与实习企业签订《校外带薪顶岗实习协议书》,以全面保障企业、学生和学校的利益。

③创建过硬的教师指导队伍。这有利于保证带薪顶岗实习的顺利有效地开展。学校要加强带薪顶岗实习指导教师队伍的扩建,可聘请企业内的能工巧匠为学校的兼职教师,并进行专业的培训,以此来增强他们的责任感。

二、三下乡活动

我国是一个农业大国,三农问题就是指农业、农村、农民这三个问题。职业院校学生作为我国新思潮、新技术、新生力量的代表,全国各院校开展暑期“三下乡”社会实践活动,组织各种三下乡服务团队,深入农村进行实践活动,服务三农。“三下乡”活动是课堂教学的延伸和补充,鼓励学生走出校园、走向社会、服务社会,对“校园人”向“社会人”的转变进行演示和尝试。“三下乡”活动是学生作为一个集体走近农村、服务农村的社会实践活动。

新时期的职业院校学生同样需要深入农村、了解农村。三下乡社会实践活动正好提供了这样一个良好的平台。在学生深入了解农村的同时也能够学以致用,利用自己所的专业知识服务三农,帮助他们解决实际困难。同时,还给了当代学生一个锻炼自我,实现自我价值的机会。

(一)“三下乡”活动前期准备

①学校以各学院为单位,由团委学生处统一安排,各学院两委会

干部、学生志愿者为主要成员，分派“三下乡”活动任务。各学院可根据自身情况制定一份完整的活动方案，成立活动小组，招募参与实践的人员，制定联络活动地点，沟通协调活动内容，以及活动前期相关工作的安排部署。

②召开全体参与实践人员的相关会议，分组、设组长、分工、安排工作项目与细节，并讨论解决实践人员的吃、住、行问题，并报告活动的行程和注意事项。

③制定暑期三下乡活动安全预案，保证参与“三下乡”活动的学生人身财产安全，并准备活动所需的物资、物品，包括校旗或系旗、相机、宣传册、学生证、身份证、随身现金等。

(二)“三下乡”活动开展形式

①结合时代主题确定志愿服务活动。志愿服务活动作为学生走进社会、感知社会、实现自我价值的有效载体，通过与时代主相契合的志愿服务活动主题而加以实现。活动团队以这一主题作为活动的指导思想，深入基层，开展志愿服务活动，如义务支教活动、农业科技服务指导、义务医疗卫生咨询等。

②特定主题的社会调查活动。以特定的社会调查内容为活动目的。活动团队围绕这一社会调查内容，深入基层，开展社会调查工作，如大学生农村失学或留守儿童调查报告、三峡环境变迁调查报告、农村未成年人犯罪情况调查等。

③社会热点问题调查服务活动。以当前社会关注的热点问题为着手点来开展活动。活动内容围绕社会热点问题，活动形式多样。如学生走进红色革命老区实践服务团，关注留守学生实践服务团，服务社会主义新农村实践团等。

通过这些形式多样的三下乡社会实践活动，让在校学生既了解了当前社会热点，又进行了社会实践活动，让在校学生真正做到了走向社会。

（三）"三下乡"活动应注意的问题

①活动内容要接"地气"。职业院校学生社会实践活动尽量要与本地方的实际情况相结合，活动内容和活动形式要贴合实际。如果只是为了实践而去搞实践活动，势必造成学生参与活动的积极性降低。最好是实践活动能够和地方实际结合。让学生参与其中感到学有所成，这样才能达到社会实践活动的真正目的。

②扩大普通学生的参与度。有的院校在组织和选拔暑期"三下乡"活动时，参与三下乡活动的全是清一色的学生干部，而普通学生的参与面大大减少。为了让更多的学生参与到三下乡社会实践活动中来，在学生中树立三下乡社会实践活动良好的导向性，我们更加应该扩大普通学生的参与面，让更多的学生了解三下乡，参与到三下乡活动中来。

③不断丰富活动实践内容。"三下乡"活动要顺应时代发展的潮流，不断创新内容和形式。例如，有的在"三下乡"活动中利用募捐来的图书帮助农村建立了图书阅览室，给了农民精神食粮。有的组织农民运动会，丰富了农民的农闲生活。有的深入留守儿童家中义务家教，并帮助当地政府建立留守儿童之家，呼吁社会各界人士关注农村留守儿童的身体和心理健康。有的开展家电下乡调查研究，为农民解读相关政策。有的组织环保论坛和水源调查，呼吁人们关爱环境，走可持续发展的道路。

三、带薪实习

带薪实习旨在让在校学生利用每年的寒暑假或者节假日，在各级政府机关、企事业单位、生产第一线参加一定时间的实习活动，并获得相应的劳动报酬。

带薪实习在不耽误学习的情况下，鼓励学生参与社会实践锻炼，把学到的理论知识及时运用于实践，不仅让职业院校学生能深入到生产第一线学习技能技术，还为提高其适应社会的能力、实践认知能力、人际交往能力打基础。同时为贫困家庭学生缓解家庭经济压力，更是难得的机会。

(一)带薪实习前期准备

①政府主导，学校落实，确保提供具体工作岗位提供，保证学生被单位接收。由于带薪实习社会实践时间短，而具体工作的磨合时间又较长，同时各种消耗比较大，单位还要给学生支付薪资，成了企业单位推脱接收的理由。职业院校应与政府合作，发挥政府主导作用，调查好专业供需状况，统筹分配，确保具体工作岗位安排和单位的接收。保护好接收单位的利益和学校学生的薪酬，把责任落实到各院系、各指导教师，来确保带薪实习工作的完成和落实。

②保障学生参与的积极性和薪酬待遇。各职业院校可成立专门的领导小组和工作小组来负责整体工作的部署协调。设立专门的活动经费账户来保证活动的开展，组建专门的指导教师团队并对参与带薪实习的学生开展培训。同时重视学生带薪实习成果和实习学生报送的实习日志和实习结束后的心得体会，既可总结经验，促进交流，还可以加强宣传，营造学生"带薪实习"社会实践活动的良好氛围。

(二)推动带薪促就业模式

从现在实际的职业院校就业情况来看，用人单位看重实践经验，一般不愿意招收应届毕业生，而是选择有一定经验的应聘者，希望录用人员"来之能战，战之则胜"。而学生在就业过程中，也难以找到实习单位，甚至找到的实习单位与自身专业不对口，专业对接率较低。因此，发挥带薪实习的优势，推动带薪促就业模式，可为职业院校发展提供更宽广的平台。

①职业院校与企业合作的"互补"模式。校企合作的主体是职业

院校和企业。职业院校拥有知识财富和人力资本等软件,而企业却拥有着学校所没有的资金、技术和设备等硬件。职业院校为谋求自身的发展,就必须实现与市场接轨,与企业合作,有针对性地为企业培养优秀的实用型人才。而企业为实现利润的最大化,与职业院校合作,共同制定培养计划,以企业当前技术发展为背景,从职业院校中为自己引进和挖掘符合自己需求的优秀人才。

②职业院校与社会合作的"互融"模式。职业院校为学生进行思想武装,提供了专业技能知识和一定的实验实训等操作能力。这些课堂学生如何满足社会需求中对人才的要求是职业院校的首要目标。然而,职业院校的知识学习和学生能在多大的程度上有效地满足社会需要,取决于学校与社会的"互融性"。学校必须从社会这个大的资源宝库中汲取营养,增加与社会需求的"互融性",才可能创造出满足社会需求的学生。带薪实习通过培训、实习、见习的方式,以内化和外在的方式帮助学生开启职业发展的心智,并务实地提高了学生终身发展的职业能力和为社会服务的能力。

(三)带薪实习应注意的问题

①学校需要强化管理、优化教学,拓展有利于实施带薪习项目的社会资源。学校与企业共同研发并形成职业发展教育课程体系。职业院校积极拓展社会资源,充分利用校董、校友和政府的资源,合作共建带薪实习基地,开展实习活动。学校需要发挥自身科学研究和人力资源的优势,对积极接纳实习学生的企业予以合作、补偿,以此激励企业积极参加。此外,学校要全程化参与带薪实习项目,强化学生实习期间的管理,保障学生权利,并在实习期结束后进行考核。

②企业要注重人力资源的前期开发,积极推进产学研的一体化。实习项目在根本上与企业的追逐利润不存在冲突,通过带薪实习项目,企业可以根据自身的发展需求,提前培训和定制所需的员工,以较

低的成本获得高质量的人力资源。相较于一般学生,参加过带薪实习的毕业生,职业发展的意识得到启蒙,职业发展的能力也得到有效培养,对自身和职业世界有着较为清醒的认知,这使其能够较快地适应工作。

③学生应主动参与,客观认知自身,积极形成职业发展能力。带薪实习服务的对象和主体均为学生,应引导学生充分认识就业实习的必要性和重要性,将之视作正式就业前的热身。带薪实习项目改变了以往教学实习中学生与实习单位之间的法律关系,薪酬的存在意味着学生与企业存在着劳动合同关系。同时也应培养学生关注协议所规定的权利、义务关系,加强对学生权益的切实保护。

四、志愿者服务

志愿服务是一种非政府系统的组织行为和服务行为,指志愿者利用自己的知识、技能、体能和财富,自愿贡献个人时间和精力,通过各种服务性的行动去实现对社会事业的支持,以及对有困难的社会群体和个人的帮助,在不图物质报酬的前提下,为推动人类发展、社会进步和社会福利事业而提供的服务。“奉献、友爱、互助、进步”的志愿服务理念在职业院校中得到了极大的传播与弘扬,学生在志愿服务中获得的成长与发展也引起了教育工作者的极大关注。志愿服务的教育功能被职业院校乃至全社会重视。

职业院校志愿者服务为学生走出校园,深入社会基层,贴近群众生活,了解社会,熟悉国情,体验艰辛,探索自我和多种职业世界,增长了知识和才干,升华了与人民群众的情感,磨练了坚强的意志,提高了自身的道德素质,为进一步完善了自己的品格提供了有效途径。

(一)志愿者服务有利于提高学生的职业道德认知

志愿服务有助于促进理论教育与实践教育的融合,是实现学校育人与个体成才双赢的一种方式。

①通过班团组织号召、网络媒体宣传、志愿者事迹报告会等各种渠道了解了志愿者行动的方向、内容和价值并产生初步认同，并决定选择参加到志愿服务的行列中。

②通过参加志愿服务活动的各种岗前培训，了解了具体的服务内容和工作的具体规程，并进一步加深了对志愿服务精神、原则的理解认同。

③在志愿服务中通过服务对象及社会各方面的评价和反馈，检验自己对服务宗旨、原则、内容、工作规程的理解掌握程度，不断了解和补充服务知识，修正对工作规程误解；同时通过拓展服务领域，扮演各种社会职业角色，与不同服务对象、不同的人群的交流学习，了解了社会不同层面的真实生活及其不同的心理状态，扩充对社会各层面的认识。

（二）志愿者服务有利于锻炼学生的职业道德意志

志愿服务中的动员方式将以其较高的主体参与度和良好的社会契合度，成为职业院校教育管理方式的一种变革趋势。

①在校学生志愿者在是否选择参加志愿服务活动时遇到的障碍，主要是时间上与正常的学习工作冲突，能力上担心完成不好服务工作，其次是社会的认同感和团队成员间的冲突。这些困难因人因时因事而异，程度不同，需要学生志愿者千方百计去克服。

②由于学生初涉社会，阅历浅，经验少。在组织开展或参加各种志愿服务活动时，必然会遇到许多他们从未经历过的新情况和新问题，这就需要他们去认识困难、克服困难、战胜困难，实现预定目标。

（三）志愿者服务应注意的问题

①参与理念的转变。从传统的被动式参与转变为主动参与式。主动参与是职业院校学生通过发自内心地积极参与到社会的教育、社

交、管理等活动,更强调主体尊重,注重激发学生的积极性。志愿者的招募机制,使得学生可以根据自己的意志、兴趣爱好和志向进行选择。

②参与主体的转变。从传统的组织发展为民间组织。传统的学校组织进行志愿者服务往往集中于少数学生干部中,不利于调动所有学生参与者的积极性。现在发挥学生社团组织、兴趣爱好团体等民间力量参与到志愿者服务中,更有利于吸引学生的主动参与,其参与面更广,影响范围更大。

③选拔方式的转变。从传统的命令式转变为竞争式。整齐划一的命令式的参与方式,往往导致学生不愿参与到志愿者服务中,也缺乏对学生主体的尊重。志愿者服务应是一种自觉主动的行为,学生需要选择符合自己个性需要与价值观的活动。引入竞争的方式,资源服务项目名额有限,竞争的直接性,决定了学生必须直接参与、亲身体验。竞争的强烈性,也决定了学生必须挑战自我,从而激发学生的潜能。

第七章

职业教育德育管理的科学性

没有科学的管理，再好的德育内容也难以实施，再好的德育目标也将难以实现。本章结合职业教育的特点，着重分析了职业教育德育管理的功能、作用、职责及组织机制、保障机制、激励机制、监督机制等运行机制。

第一节　职业教育德育管理概述

职业教育德育作为职业教育不可缺少的重要组织部分，具有相对独立的目标、内容、途径、机制等因素，是职业院校对学生进行的一种有目的、有计划、有组织的教育活动，它与智育、体育等教育活动具有同等重要的地位。现代职业教育德育的内容包括职业政治教育、职业道德教育、职业健康教育等要素，它的实施表现则为职业教育德育管理。“德育方式古板、陈旧，应通过管理给予积极导向，促进德育方式的变革。”①当前大多数职业院校都十分重视德育活动的开展，特别是

① 刘智：《浅议高校德育管理与德育实效性问题》，载《辽宁工学院学报》，2000年第1期。

针对德育目标的准确定位、内容的全面建构及途径的多样创新做出了许多的探索实践。与此同时,德育的管理却显得有一些薄弱,不自觉地融化在了学校的日常管理之中,没有建立起一套基于德育规律的有针对性的管理系统,没有形成适应职业教育发展要求的具有职业教育特色的管理体制。这在很大程度上影响了职业教育德育全面有序、系统协调地开展。可以说,职业教育德育管理在现代职业教育德育体系中占据着不可或缺的重要地位,是整个德育工作顺利运行的保证系统。

一、职业教育德育管理及其地位

职业教育德育管理,是指以科学的德育指导思想为基础,遵循德育教育规律而建立起的德育组织运行系统,是帮助组织协调德育工作中组织、工作者、学生等之间的各种关系,合理组织各方力量达成德育任务和目标的有效手段。其内容包括:职业教育德育管理理念、职业教育德育管理职责、职业教育德育管理运行机制等。职业教育德育管理是在德育原则的指导下建立起来的,因此它从属于职业教育德育体系,服务于职业教育德育。同时,职业教育德育管理因具有相对独立的内容与机制,在现代职业教育体系德育中占据了至关重要的地位,具体表现在如下方面。

(一)职业教育德育管理是现代德育工作体系的重要环节

职业教育德育是职业院校为实现国家德育目标,利用学校、社会等资源,通过多种途径对学生进行思想政治教育,将其培养为社会、企业所需的德才兼备的技能人才的活动。现代职业教育体系包含了德育理念、德育目标、德育内容、德育过程、德育途径、德育管理、德育评价等要素,这些要素环环相扣,紧密相连,每个环节都是德育体系有效运作的根本保证。其中德育管理就是体系中不可缺少的重要部分,没有了德育管理,德育活动就无从谈起,学校的德育工作也会变成一盘散沙,没有秩序,不成体系。因此,职业教育德育管理是德育工作体系的重要环节。德育管理将德育体系的各个要素有效整合,形成有机整体,让各要素充分发挥德育功能,最终构建成具有鲜明职业教育特色的现代职业教育德育体系。

(二)职业教育德育管理是统帅职业教育德育工作的全局性系统

职业院校德育的过程既是教育者通过各种途径对受教育者进行思想、政治、品德教育的过程,更是学校德育管理者对整个德育活动进行管理的过程,可以说,职业教育德育管理贯穿了德育工作的全过程。职业教育德育管理系统科学地构建了职业教育德育的理念原则、组织机制、职能职责等,在整个职业教育德育工作体系中具有整体性、全局性的统帅地位。只有形成了机构合理设置、职责分工明确、组织运行顺畅的管理体系,职业教育德育工作才能正常进行,德育目标也才能顺利实现。科学高效的职业教育管理可以实现职业教育德育效益最大化,有利于提高德育工作的整体效能。

二、职业教育德育管理的功能

职业教育德育管理过程会涉及到组织与个人等各种复杂关系的处理,德育管理活动的最终成效也取决于这些关系是否协调。因此,科学地定位职业教育德育管理的功能也就显得尤为重要,应当遵循职业教育德育的客观规律,处理好德育过程中的各种关系。

(一)处理好学校和政府的关系

学校的德育工作一定是从属并服务于政治的,职业院校必须坚持以党的政治路线作为德育工作的指导思想,坚决贯彻执行党的教育方针和德育大纲,这是职业院校保持正确的政治方向,为国家培养德才兼备的接班人的根本保证。当然,在德育工作的开展过程中,也会因为地区间的地域文化差异、经济政治水平差异、职业院校学生的思想政治道德水平差异等因素，使德育工作面临很多现实困难，各学校的德育工作也会呈现一些特殊性。因此，职业院校在遵照党和政府的方针政策的同时，还必须结合本校的实际情况，科学地制定符合人才培养目标的德育工作体系，不能只是简单地照搬传达，要充分发挥好主观能动性，找准德育目标、明确德育内容、创新途径方法、统筹科学管理，才能更好地实现党和国家的人才培养目标。

（二）处理好学校的党政关系

职业教育德育是现代职业教育的重要组成部分，它和智育、体育、美育等共同构成促进学生全面发展的有机统一体，相互依存，密不可分。然而，在整个职业教育的历程中，始终还是存在“两张皮”的现象，也就是学校的党组织管德育，行政组织负责管智育、体育。这样的职责划分违背了德智体美统一管理的客观要求，也不利于德育活动的开展。科学的职业教育德育管理体制，应合理定位学校党组织和行政组织之间的关系，明确他们在职业教育德育中的职责。

（三）处理好各级各类德育组织的关系

要开展好德育教育活动，必须要积极调动德育基层组织和德育工作者的积极性。职业教育德育管理体制应完善各项规章制度，实行岗位责任制，明确各个德育组织及个人具体职责，实现各司其职，各尽其责，充分发挥各个德育机构和人员的作用。德育领导机构主要对德育活动进行统筹规划，实行统一领导，负责制定学校的德育目标和计划。德育的教育活动的实践则主要由基层组织和德育工作者组织开展。因此领导机构在进行统一规划的同时，也要允许基层德育组织和人员根据学生、专业等实际情况，结合专业教育创造性地开展德育教育实践，因材施教，这样才能更好地完成德育任务。与此同时，还要协调处理好党、政、工、学、团、企的关系，科学的职业教育德育管理体制，必须尊重各级各类德育组织、机构,应遵循他们各自特殊的工作规律和原则,从不同的角度出发,通过多面的渠道和方式,切实落实好德育的目标任务。他们之间不能够出现工作的矛盾,他们的关系的协调与否将直接影响整个德育工作的开展成效。党、政、工、学、团、企必须紧紧围绕党政中心目标,团结一致,相互配合,共同营造良好的育德环境。

三、职业教育德育管理的作用

(一)职业教育德育管理是实现德育科学化的前提

科学化是现代职业教育的本质,德育科学化则是现代职业教育德育的本质。它要求教育者应按照受教育者接受德育教育的基本规律,形成一套自己的工作规程,并在此基础上组成完整的工作体系。要实现德育的科学化要求,首先德育管理就必须具备科学性。只有科学的德育管理体系才能使德育的决策、实施、评价科学化,从而实现德育科学化。科学化的德育管理也意味着各级各类德育组织之间的关系的和谐,各个德育组织机构、各类德育工作者都能够按照既定要求各司其职,充分发挥出德育功效。

(二)职业教育德育管理有利于提高整体德育效能

科学的职业教育德育管理,有利于发挥学校的整体优势,并借助社会各界力量共同做好德育工作。要将学校、社会等各级组织、各个部门、各类人员有条理、有秩序地组织起来,使各种德育资源能得到合理的配置,为共同的德育目标,积极发挥各自的作用,没有科学的职业教育德育管理是实现不了的。管理的作用就在于通过有效组合,互相协调,充分发挥各个部分的职能,最终使整体结构功能大于各个部分的功能之和。因此,科学高效的职业教育管理可以实现职业教育德育的效益最大化,有利于提高德育的整体效能。

第二节 职业教育德育管理理念

职业教育德育管理作为学校德育工作和教育管理的重要组成部分,对学校的办学方向和育人方向起着决定性的作用。因此,职业教育的德育管理应与时俱进,紧紧围绕学校的办学方针树立新的能适应社会客观发展的管理理念,从而达到育人成才的目的。重庆工业职业技术学院坚持校企合作、工学结合,以提高人才培养质量为目标,逐步形成了"以生为本,德育为先,四方联动,分级培育"的教育理念,构建了由组织领导体系、工作实施体系、工作内容体系和"四维"评价体系紧密结合的"四系配套"工作体系,制订并实施《分年级育人纲要》,启动"教学、团学工作一体化"计划,积极推进"青年先锋工程""科学人文素质工程""心理阳光工程"建设,在教育理念、教育体系、教育模式、教育抓手等方面取得显著成绩,为推进职业教育德育工作奠定了坚实基础。

一、学校主导与企业融合相结合

职业教育德育过程是教育者根据社会、企业的要求及受教育者思想品德发展规律,对其施加有目的、有规律的影响,使之最终形成社会、企业期望的品德的过程。这个过程的实质就是把社会特别是企业的思想价值观念、道德行为规范转化为受教育者个体的道德品质。职业教育德育的特点就是要与就业教育、职业道德相结合。在学生的学习成长过程中,学校教育充当了正规渠道和主题承载的角色,但这并不是学生接受教育的全部途径。针对职业教育而言,必须围绕以就业为导向的办学方针,这就要求职业教育的内容要与企业进行对接融合。教育部鲁昕副部长提出:"把工业文化融入职业学校,做到产业文化进教育、工业文化进校园、企业文化进课堂。”要顺应职业教育的发展方向,职业教育德育也必须了解企业的用人标准,与企业文化进行融合,以适应时代发展的需要。

重庆工业职业技术学院通过对不同行业70家企业和不同类别高职院校近4000名学生展开广泛调研,经过科学统计分析,形成了《企业所需人才核心素质调查报告》《高职高专学生职业素质现状调查报告》,学校联合企业在充分调研的基础上共同制订了《分年级育人纲要》,逐步形成了以“敬业、就业、创业”为主要内容的“分年级”培育模式,走校企联合培养道路,正因为企业在人才培养工作上的提前介入,才使得学院培养的毕业生与企业需求相吻合,长期得到企业的青睐。

现代企业文化包含了价值观念、思想作风、职业态度等,是一个企业实现可持续发展的重要保障。因此学生在走上工作岗位前应充分适应企业文化的熏陶,提前了解企业的生产经营管理特点,明确企业的用人需求,并适时调整自己的人生坐标,最终将行为价值取向引导到企业的需求上来。基于此,职业教育必须融合于现代企业发展需求,职业教育德育管理除了学校内部机制以外,还需要将行业企业等一切有利于学生发展的因素纳入到管理体系中来,除学校常态化的德育管理之外,凡涉及企业的德育教育资源也要列入进来,立足于学生在职业道路的终身发展,与企业共同来精心设计学生的培养方案,按照培养社会人、企业人的人才方案拟定职业教育德育工作体系,使职业教育德育可以顺利对接企业需求,实现德育工作的科学规范,达成德育目标。

职业教育德育必须紧紧与企业文化教育进行紧密融合,这就要求学校与企业共同参与,协作管理,结合行业特点培养学生的职业素养,实现共同的育人目标。当前职业教育德育与企业文化进行融合的方式主要有环境育人、课程育人、管理育人、活动育人、实践育人等,在整个德育实践中,都必须由学校和企业协同管理,才能取得好的效果。

学校教育在德育教育活动中起着主导作用,通过营造真实的职场,通过专业课、德育课的讲授等进行职业道德、企业文化教育,举办丰富的德育活动和实践锻炼活动,让学生感受企业的氛围,熟悉企业的环境,强化学生的责任意识、岗位意识、质量意识、安全意识、效率意识等,使学生能够在思想意识、行为习惯上尽早适应现代企业化的要求。而要实现这样的目标,企业的参与也显得尤为重要。职业院校应与企业建立起深度融合的校企合作机制,与企业单位建立稳定的合作关系,积极争取合作企业的支持,充分利用企业的德育资源,积极探索建立人才培养合作制度,共同实现德育目标,达到双赢。如重庆工业职业技术学院与重庆元创集团的校企合作就是职业教育与企业文化有效融合的典范。重庆元创集团是一家从事汽车模、夹、检具设计和制造,汽车、摩托车、机器人研发和特种车改造,高效焊装设备生产的台资企业。从2003年与重庆工业职业技术学院开展校企合作以来,从最初的捐资助学定向培养到开设"元创班",从共建基地、共育队伍到共建课堂、共研课程,再到深度项目合作,探索出独具特色的"校企一体化办学"合作模式,实现校企深度合作、互利双赢。

二、统筹规划与自主管理相结合

"德育管理的过程是主体的他律与主体的自律互动的过程,最终实现主体的他律向主体的自律、自由的转化。"①因此,职业教育德育管理必须遵循人类的道德发展规律,无论是德育管理的方法还是德育管理的目的,都必须实现由他律的德育管理逐步转化为自律的德育管理。职业教育德育管理强调统筹规划与自主管理相结合,坚持以人为本的科学管理模式。统筹规划强调外在的引导、监督与控制,体现学

① 程进宽:《学校道德教育管理两难问题的理论反思》,载《江西教育科研》,2006年第1期。

校和社会倡导的道德标准,是受教育者必须遵守的行为准则。自主管理则体现为受教育者在教育者的引导下,依靠理想信念、价值观和道德的力量,强调受教育者内在的自觉与自律,是更为崇高的思想境界。

以人为本是科学的德育发展观的本质,是德育改革和发展的核心思想,同时也是德育工作的出发点和归宿。[①] 当前职业教育德育工作在社会主义市场经济的冲击下,对其德育管理理念、管理方式都提出了新的要求。学生不论是在思想观念,还是行为模式等较以往有很大差异,职业教育德育管理必须改变过往的权威管理模式,淡化行政指令、教师中心,摆脱"强制教育"的烙印,秉持重视人的价值的管理思想,努力培养学生的道德主体意识。

首先,德育管理者应着重引导学生在道德实践中自觉自愿地运用道德规范,发挥自主性、能动性,通过处理现实生活中的道德矛盾冲突,进行自我认识、自我教育、自我完善,自觉地热爱先进思想、道德规范,主动矫正不良行为,从而形成强烈的道德追求和稳定的自制力、约束力,促使思想行为向善向美。

其次,德育管理者应指导学生学会道德认知、道德判断与道德选择,逐步培养学生的道德情感、道德意志和道德主体意识,启发他们学会辨识评判自己的道德行为,将道德认知、道德情感转化为自己的道德行为。

最后,在进行德育管理的过程中应充分尊重人的主体价值,多一些弹性,少一些刚性;多一些民主,少一些强制,尊重学生的独立人格,建立平等的师生关系。因势利导,鼓励师生展开对话,让学生主动参与德育管理工作,重新了解德育管理工作的运作,深刻理解德育管理工作的重要性,产生对德育管理工作的认同感,从而有意识地遵守行

---

① 赵志军:《德育管理:必须坚持科学的德育发展观》,《中国教育学刊》,2006 年第 5 期。

为准则,增强责任感和自律能力,在轻松愉悦的环境中促使学生能通过积极的自我意识对自我进行自省、自控、自为,通过自我监督、自我评价、自我调控等方式正确地认识自我,完善自我,构建起自己完整的价值体系与品德结构。

三、发展规律与个性特征相结合

德育的本质是为了人的全面发展。马克思曾经指出,未来共产主义社会是"一个更高级的、以每个人的全面而自由的发展为基本原则的社会形式"。[①] 职业教育德育管理作为德育工作的一部分,其作用是围绕着促进人的发展为目的的。职业教育德育管理如果不顾人的潜能发挥,不关心人的个性需求,就会失去促进人的德性发展的价值。

职业教育德育管理本身是为人的,德育管理的最终目的不是为了束缚和控制,而是为了促进学生的成长,形成可持续发展的能力。职业德育管理虽然有规章制度,但主要是从积极肯定的角度,以鼓励倡导的形式确立的。通过管理活动,对学生的道德品格进行培育,能力素质进行发挥,从而引导、推动个体的自我成长。

职业教育德育的内容组织也应该体现出阶段性、层次性、动态性。根据不同年级、不同专业、不同背景、不同性别、不同性格的学生的特点差异,适时对德育内容做出有针对性的调整,防止教育方法与学生的思想实际和内在需求发生偏离,决策要力求民主,做到公平公正地对待学生。在培养合格的技能型人才的总目标下,应充分考虑学生个人的本质、潜能和理想追求,让不同层次的人都有与之相适应的奋斗目标,使学生的个性能够得到发挥、才华能够得到施展,自然地融入到德育工作体系中来,切实提高学生的接受度和德育的效果。

① 马克思、恩格斯:《马克思恩格斯全集》第23卷,人民出版社1972年版,第649页。

四、课程教育与实践教育相结合

思想支配行动。认识和认识能力的提高必然会在行动和行为表现出来，并必须依靠行为和行动表现来检验。某种意义上讲，德育并不单是一门要学的学问，更重要的是一门要做的学问。职业教育是以培养生产、建设、服务、管理一线的实用型、技能型人才为目的，本身也更强调技能和实践能力的培养。因此，职业教育德育的效果的检验也应该包括理论认识和行为表现两方面，这也意味着职业教育德育必须将课程教育与实践教育相结合。

教育与实践相结合应该是德育教育的基本原则。课程教育仍然是职业教育德育工作的主阵地、主渠道，要充分利用并发挥好其重要的德育效能。重庆工业职业技术学院在人才培养方案的顶层设计中，就把学生思想政治理论、形势政策、生涯规划、安全教育、心理素质、人文、体艺素质等方面的德育内容设置为学生必修或选修课程，实行素质拓展必修学分制，鼓励广大学生参与其中，同时引导教师把德育工作的育人内涵有机融入教学，确保德育课程取得实效。

除课程教育以外同时还要注重与校内外的实践课堂相结合，在引导学生日常行为规范的同时，让学生提前了解社会，了解企业，了解职业，培养和提高适应社会、适应职场的能力。职业院校有三分之一的学时用于学生实习实训，半年至一年的时间用于顶岗实习，因此实习实训也是德育实施的一条重要途径。随着国家素质教育的大力推进和社会经济发展对人才的更高需求，职业教育德育的内容也需要进行延展，须将政治素质、道德品质的教育与实践能力、鉴别能力、选择能力的培养等结合起来，在培养能力的过程中实现道德教育，确保德育内容能适应社会的发展需要。

人的品德就是以人的行为或行动来衡量的，道德和德育的特性都在于践行性。对学生的德育教育，不仅要求学生理解意思，更要强调运用与践行。实践教育的基本核心就是要树立职业理想和劳动品德，因此职业教育德育应对德育课程进行整合，拓展德育课程的外延，以课堂教学为主渠道，辅之以职业体验、社会实践、实习实训等德育实践活动。重庆工业职业技术学院建有装备先进的国家示范性数控实训基地、国家示范性汽车实训基地和2个重庆市新技术应用推广中心，配置设施完备的与专业结合的机械、电气、汽车、计算机等46个实验实训室，拥有一个集产、学、研于一体的生产性实习工厂，投资1.1亿元的重庆市重点项目——重庆市装备制造业教育实训基地正在建设中。校内还设有力帆汽车、东风小康汽车全国售后技术服务培训中心，依托四联集团、长安集团、力帆集团、重庆洲际酒店等企业建立了130余个校外实习基地。在这种工学结合、校企合作的办学模式下，学校重视并利用好与生产、岗位实际零距离接触的机会，将德育课堂延伸到校外真实的企业环境，开展职业道德训练，进行职业纪律和安全生产教育，让德育课程传达的价值理念变得丰富而立体，使学生增强了对未来从事岗位的职业道德认知，增强了学生守纪律、讲安全、重质量、求效率的职业意识，有助于学生形成爱岗敬业、吃苦耐劳、团结协作的职业精神。

五、就业教育与持续发展相结合

职业教育也被称之为就业教育，不论是中等职业教育，还是高等职业教育，都旨在为产业经济的发展培养优秀的技能人才，关注学生的职业发展也是职业教育德育工作的特色内容。绝大多数学生就读职业教育都是希望能够找到对口就业，对他们而言职业教育可能就是他们一生中全日制学历教育的终结点，因此这段时间的教育学习对学生的世界观、人生观、价值观的形成具有较大的影响，甚至可能影响其一生的发展。

随着社会的发展，教育的社会服务职能呈现出过度发展的趋势。作为以就业为导向的职业教育在教育价值观等方面也呈现出功利化的倾向，着重迎合市场的短期需求，而不寻求长远利益，在德育教育实践中出现的重技术实践轻人文素质、重才轻德等现象，致使部分学生过分关注个人利益，易产生功利主义倾向。特别是刚入社会的毕业生常常会将物质利益、硬件条件看得过重，眼光大都着眼在地域优势明显、经济效益好、工作环境优越的单位而忽视了个人的长远发展。要帮助学生走出这样的观念误区，职业教育德育必须要渗透有力的就业指导意识，要结合社会经济形势的发展和就业形势适时增加、更新就业教育内容，促进就业能力的提高，开拓职业发展空间。

职业教育承担了培养现代职业人的重任，是关系到国家民生工程的基础工程，因此职业教育德育工作显得尤为重要，不仅仅要帮助学生成功就业，同时还要帮助学生树立起终身发展的思想意识，使学生能够实现职业上的成就，实现社会价值，形成正确的职业发展观。要帮助学生正确规划职业生涯，做好主动参与市场竞争的良好心态，在了解自己、了解职业、了解社会的基础上及时调整就业意愿，在看到自己的不足与差距的同时自觉形成提高从业素质的动力机制，树立对未来职业发展的信心，培养从事先进技术发展与应用的社会责任感和敬业乐业的职业道德。

同时，要尝试改变职业教育德育轻视学生创业的局面，全面开展职业生涯教育，利用创业计划大赛、创新创业训练项目等平台，辅以实习实训职业体验的动态化、立体式职业生涯教育体系，大力推进创业教育、生涯教育，培养熟练的职业技能和适应职业变化的能力，为学生的终身发展打下坚实的基础，还可以打造出职业教育德育工作的新亮点。重庆工业职业技术学院十分重视培养学生的创新创业能力，多次在重庆市大学生创业计划大赛中获奖。学院结合多年教育教学实践编写的教材《高职高专学生职业生涯规划与就业创业指导》就由哈尔滨工业大学出版社出版，并被市内多所高职院校和全国机械行业高职院校采用。

六、传统方法与现代技术相结合

随着现代信息技术的快速发展,网络对职业院校学生的政治观念、价值取向、心理思维、行为模式等都产生了深刻的影响。因此,要优化职业教育德育管理,就必须在夯实日常管理的基础上充分发挥网络的优势,增强职业教育德育的影响力。

现代信息技术要发挥它的作用,需要构建起一个结构合理、内容丰富、形式多样的网络德育管理模式。第一,要遵循网络特点,突破传统的德育管理观念,及时赋予德育管理新时代的内容与方法,建立更为开放,具有能动性的网络管理模式。第二,德育管理者要充分利用好网络信息平台,将党的基本路线、政策方针、经典著作、新闻报道等德育信息资源通过专门的网站、网页等信息平台连接到网络,方便学生即时查看、浏览,从而达到正面引导弘扬主旋律的目的。第三,德育管理者要充分利用网络即时交互的特性,通过在线交流、在线咨询、网络评价等形式进行思想交流与沟通,突破传统的单向灌输的说教式德育,在网络互动中增强德育的效能。同时利用网络积极与政府机关、行业企业、学生家庭进行互动联系,为社会各界参与职业教育德育管理提供窗口和平台,争取社会各界力量对职业教育德育的帮助与支持。第四,充分利用现代多媒体技术的音画效果,使德育内容更为形象生动,内容设计要丰富而全面,从静态变为动态,具有可观性、可选择性,成为吸引人、教育人、易于被学生接受的信息,从而在潜移默化中熏陶感染,增强教育效果。第五,建立健全网络德育管理的各项规章制度,完善网络约束机制,加强网络道德自律教育。德育管理者要努力学习丰富网络知识,与时俱进,过滤网络不良信息,克服网络的弊端,尽可能地净化网络环境,着力营造开放、规范、安全、文明的校园网络氛围。

第三节 职业教育德育管理职责

一、学校职责

学校在职业教育德育中扮演着组织主体的角色,全面贯彻党的教育方针,牵头德育组建工作委员会,把抓好德育工作纳入学校党委工作的重点。能够遵循职业教育德育规律,紧扣职业院校特色,将企业文化贯彻到学校德育工作中去,针对职业院校学生的思想特点,不断创新德育工作思路,有目的、有组织、有计划地开展德育工作,努力增强德育工作的针对性和实效性,为职业教育德育改革创新提供理论和实践依据,提升职业教育德育工作水平,循序渐进地引导职校学生不断走向成熟,培养具有现代意识的高素质技能人才。

二、行业与企业职责

行业与企业对于职业教育德育也发挥着重要的作用。行业和企业应从实际人才需求出发,提前介入职业院校的职前人才培养,根据企业的用人标准为学校提供人才培养意见,使员工职业道德教育与职业教育德育可以实现无缝对接。积极配合学校的德育工作,大力支持实习实训等德育实践活动,充分发挥企业导师的德育功能,帮助学生提前熟悉了解和本职工作相关的职业道德规范,加强职业道德培训,培养敬业精神,促使学生顺利养成良好的职业习惯,从而树立起良好的行业之风。

三、政府职责

政府层面,主要负责制定德育工作的宏观指导性意见,为职业教育德育工作指明方向,为德育工作的开展提供政策支持。职业院校一般都归地方管理,地方政府的态度对于职业教育德育的发展起着重要作用。政府在促进校企合作、推进职业教育发展上也起到非常重要的作用,职业教育德育特别在校企合作方面更加离不开政府部门的重视与支持。另外,政府还要积极发挥在公民道德教育中的作用,运用多种形式大力宣传基本的道德知识、道德规范和基本礼仪,推广基本的公民道德,为职业教育德育营造良好的社会道德文化环境,促进职业教育德育健康发展。

四、社会职责

在接受教育的过程中,学生不可避免会受到社会因素的影响。社会是一个大家庭,同时也是一所大学校,它可以为学生提供丰富的教育资源和多样的活动场所,也会因为消极负面的因素对学生产生负面效应。当前随着社会主义市场经济的快速发展,受利益的驱动利己主义和极端个人主义思想膨胀,积极向上的人生观和价值观弱化,以功利取代道德的负面思想增加了职业教育德育的难度。为了优化社会德育环境,政府应加大反腐倡廉、扫黄扫毒力度,对反动腐朽、道德败坏的东西要坚决打击;宣传、媒体等部门要多提供一些高雅高尚、喜闻乐见的精神食粮。学校在引导学生参与社会实践的过程中,要教会学生明辨是非,在接触社会、了解社会的过程中增强自制力,不断提高道德水准。

五、家长职责

家庭教育是基础,苏霍姆林斯基曾说过:“教育的效果取决于学校和家庭影响的一致性,如果没有这种一致性,那么学校的教学和教育的过程就会像纸做的房子一样倒塌下来。”①在家庭生活中,家长应重

① 苏姆霍林斯基:《家长教育学》,中国妇女出版社 1982 年版,第 263 页。

视自身道德水平的提高，通过自身良好的行为举止去影响孩子，形成良好的家风。重视孩子的道德教育，引导孩子学会分清是非、辨别善恶。学生家长应利用书信、电话、网络等通信设施，经常主动与学校和学生联系，全面了解学生各方面的情况，及时进行教育；利用寒暑假子女回家度假的机会，适时地进行家庭教育。

第四节 职业教育德育管理运行机制构建

“机制是行动的支点。德育管理机制是根据一定的德育目标，通过决策、计划、组织、实施、指导和调控，有效地利用人、财、物、事、时、空、信息等要素，为提高德育实效，实现育人目标的学校德育协调的活动及其组织或部分之间相互作用的过程和方式。”①职业教育德育要进行科学的管理，需要通过构建组织机制、保障机制、激励机制、监督机制完善德育管理体制，把职业教育德育的政策、目标、内容、途径等由虚变实，统一规划，整体推进，提高实效。

作为国家首批28所国家示范性高职院校，经过三年的示范建设以及后示范的建设，重庆工业职业技术学院的高职教育办学理念更加明晰，办学条件日益改善，办学方向更加明确。在办学过程中要成功培养出德、智、体、美等方面全面发展，知识、能力、素质协调进步的高端技能型人才，就必须统筹德育与教学两大系统的育人功能，构建突出学校办学定位与特色的高职人才培养体系，培养德、智、体、美等方面全面发展，知识、能力、素质协调进步的高级专门人才。因此，重庆工业职业技术学院专门制定了《重庆工业职业技术学院教学团学工作

① 孙晓峰：《高校德育管理机制的构建与程序设计》，载《思想理论教育导刊》，2011年第11期。

一体化实施意见》,建立了从学校到二级院系的教学工作人员与团学工作人员共同参与的纵横结合的组织机构,明确了实施主体、主要责任人,从人才培养方案制定,选修课的开设,教师教学文件的完善,以及团学制度的建设等方面,贯彻教学团学一体化的思路。该方案以专业人才培养方案修订为龙头,促进了教学与德育工作深度融合;以教学团学一体化教师队伍建设为抓手,引导教职员工教书育人;以课程教学改革为着力点,融育人内涵于日常教学;以实践教学设计为动力,提升教学工作的综合育人实效;以项目化管理为载体,提高德育活动的科学化水平;以建立信息整合机制为桥梁,推进教学信息信息一体化;以考核机制为杠杆,推动教学团学一体化的可持续发展。实践证明,教学团学工作一体化既促进了教学与德育工作的良性循环发展,又适应了全员育人、全过程育人、全方位育人的总体要求,有效促进了社会主义合格接班人的培养工作。

一、职业教育德育的组织机制

职业教育德育的组织机制,主要是规定和解决职业教育德育工作由谁负责、由谁管理及负责什么、管理什么,怎么负责、怎么管理的问题。现行的组织机制基本都是学校党委统一领导德育工作,同时发挥行政领导、学生处、共青团、工会、学生会等领导和组织的作用,并发动全体师生员工共同做好以德育人的工作。

当前在德育工作的具体实施过程中,各级职业院校的德育组织机制都还存在一些问题,如:党委统一领导,行政很少过问,对开展的德育活动不关心,对两课教育不重视;党委副书记主管德育,其他领导不予关心,德育工作显得势单力薄;负责德育工作的二级机构分工不科学、配合不默契;专职政工队伍单枪匹马冲在德育前沿,其余人员关心支持力度不够等,仍然停留在就德育抓德育的狭小范围,德育管理、教学管理、行政管理各自为政,全线分离。《中共中央关于进一步加强和改进学校德育工作的若干意见》中指出:“各级各类学校党组织都要加强对学校思想政治教育工作的领导。不管学校实行何种领导体制,校长都要对学生的德智体全面发展负责;在党委(总支、支部)的统一部署下,学校都要建立和完善校长及行政系统为主实施的德育管理体制。要把德育贯穿在教育的全过程,落实在教学、管理、后勤服务的各个环节上。”[1]中央文件精神为职业教育德育工作的组织机制指明了方向,因此现代职业教育德育的组织体制可以从以下几个层面来进行规划设置。

(一)成立以政府主管部门、行业企业、学校为中心的德育管理委员会

成立以政府主管部门、行业企业、学校为核心的职业教育德育管理委员会,政府主管部门领导、行业企业专家、学校主要领导为德育管理委员会成员。以政府主导、行业指导、学校主体、企业参与为组织原则,政府部门主要对德育工作进行宏观指导,制定相关政策措施;行业指导主要针对学校的人才培养方案及相应的德育要求;企业参与主要指直接介入职前人才培养,制定企业的用人标准,提供实践教育场所等人力物力支持,与学校共同育人。

学校作为德育工作的组织主体,应成立德育工作领导小组,由党委书记任组长。学校党委应是职业教育德育工作的领导核心,主要研究德育的指导思想、工作方针、主要任务,主持制定德育的总体规划和实施计划,为德育工作引领方向。在党委的统一部署下,建立和完善以校长为主实施的德育管理体制,校长对学生的德智体教育全面负责,从学校的整体改革发展的高度来认识、规划、建立德育管理体制,将德育工作纳入到党政要点工作中来。同时应指定一名副书记或副

---

① 《中共中央关于进一步加强和改进学校德育工作的若干意见》(1994 年 9 月 9 日)。

校长具体负责德育工作,并明确分管教学的副校长的德育工作职责,德育与智育工作应紧密结合在一起,不能完全划分开。党委宣传部、学生工作部、团委、两课教学部、教务处是组织德育实施的主要部门。党委组织部、学生工作部和人事处是德育队伍的管理部门。以学工部门为中坚力量,按学校、院系、班级三个层次上下贯通,学校的其他部门主动参与、密切配合,真正做到齐抓共管。

重庆工业职业技术学院成立了由党委书记和校长为组长,分管教学和德育工作的校领导为副组长,教务处、学生处、人事处、财务处、科技处、团委等相关职能部门、二级院、系党政负责人为成员的德育工作领导小组,负责全校德育工作组织实施和沟通协调工作以及对各二级院、系德育工作进行管理、考核和监督等。领导小组下设联席会议办公室,由学工部和教务处负责日常工作。各二级院、系建立由(院长)主任、党总支书记为主要责任人,含教研室主任、团总支书记、政治辅导员、教学秘书等共同参与组成的德育工作小组,具体组织实施德育工作。

学校还建立了德育工作例会机制,德育工作领导小组经常性地研究、部署、协调、检查德育工作的进程,每学期还会适时召开教学德育一体化联席会议,通报教学与德育工作情况,沟通协商有关事宜;各二级院、系同时建立完善党政联席会议制度,推进德育工作的实施。正因为有了这样清晰的组织机制,才形成了德育工作系统与教学工作系统的协调配合,相辅相成,共同作用于人才培养。

(二)组建学生家长委员会

随着社会科学文化的发展,人口素质的提高,学生家长对德育工作也越来越关心,经验也越来越丰富,组建学生家长委员会,是职业教育德育工作形成以学校为中心辐射到家庭延伸到社会的全方位育人网络的重要环节,也是职业教育德育管理的需要,有助于对学生在社会上的表现进行指导、监督、评价、反馈，拓宽德育教育基地。学生家长委员会主要协助学校宣传党的教育方针，关心支持学校的德育工作，和学校一起探讨德育目标、德育方法等教育内容。监督学校的德育教育工作，定期以书面或口头的形式反映学生、家长和社会对学校德育工作的意见、建议和要求。带头学习德育理论，掌握德育规律，积极探讨家校联合育人的好经验、好做法，有利于指导家庭教育，提高家庭德育教育水平。

（三）建立校外德育教育基地

广泛争取社会德育力量的支持，在学校周边社区联合公安、法院、街道、文化卫生等部门成立校外德育教育基地，分享社会德育资源。通过法制宣传报告、法律咨询与援助、法庭进校园、社会实践等合作交流方式，架起学校与社会之间的沟通桥梁，使学校德育向校外延伸，打破自成体系的校内循环模式，主动走向开放型的社会模式。一是可以定期组织学生在周边社区进行参观、调查、劳动、志愿服务等，带领学生走进社会体验生活，了解社会政治经济，努力培养学生的公德意识、奉献精神和良好的行为习惯等；二是可以依托当地的人文景观等德育资源开展爱国主义教育、法规法纪教育等，培养学生的爱国热情，牢固树立知法、守法、护法的法律意识，促进学生的思想道德素质全面协调提升。

职业教育德育要建立科学的组织机制，需要遵循以下原则。第一，完整统一的原则。职业教育德育的组织系统应该是一个完整的统一体，有整体的目标与规划，不论是上级组织，还是社会团体，每一个组织机构都是德育组织体系的有机组成部分，各自发挥着不同层面的功能，相辅相成，完整配套。同时，德育与智育等教育环节是一个整体，都是学校改革发展进程中的重要内容，相互影响，相互促进，应该按照系统性、整体性的原则在学校的统筹下进行整体规划，不能任意切割。第二,权责一致的原则。职业教育德育组织体系中机构设置要精干,岗位职责要明确,各个机构和各级人员都必须有权有责,权责相称,才能提高德育工作的效率。

二、职业教育德育的保障机制

(一)职业教育德育制度建设

建立科学的管理制度是搞好职业教育德育管理的重要保证。罗尔斯在《正义论》中曾论证过制度的重要性:“一个人的责任和义务预先假定了一种对制度的道德观,因此,在对个人的要求能够提出之前,必须确定正义制度的内容。这就是说,在大多数情况下,有关职责和义务原则应当在对于社会基本结构的原则确定之后再确定。”[①]要实施科学管理,就必须建立健全德育规章制度,使德育工作能有章可循,依法办事。要运用好制度这一载体,必须坚持“内化于心、固化于制、外化于行”,帮助学生从知到信、从信到行的转化。在这个过程中,德育管理者既要向学生清楚讲解制度条文,也要深刻阐明道理,从而内化学生的道德认识,唤起学生的道德情感,促使学生从内心认同管理制度,进而转化为自身的内在动力和思想目标。同时,德育管理者还必须深入到学生中去,了解学生的日常学习生活,引导学生对照制度要求自我体悟,规范学生的道德行为,培养学生的道德意志,在制度实践中建构品德,优化德行。

第一,认真贯彻执行中央、国家主管部门统一制订的有关德育法规、条例等,如《中共中央关于进一步加强和改进学校德育工作的若干意见》《中共中央关于进一步加强和改进大学生思想政治教育的意见》《中等职业学校德育大纲》《高等学校德育大纲》《高等学校学生行为准则》《高等学校学生管理规定》等。

---

① 罗尔斯:《正义论》,中国社会科学出版社 1988 年版,第 105 页。

第二，结合学校的办学特点，健全和完善富有本校特色的德育工作管理制度，包括学校德育工作实施方案、德育岗位责任制、学生日常行为规范、学生思想品德的评定办法及奖惩制度、学生工作管理制度等，同时坚持严格执行德育规章制度，做到奖惩分明。对德育活动中的教育者和受教育者而言，都必须认真遵守德育工作的相关制度规范，只有将德育考核作为硬指标与教职工的职称职务晋升、学生评优评奖等直接挂钩，德育工作才不会流于形式，才有可能落到实处。除此之外，还要加强德育工作的过程管理，把德育工作的目标、内容、任务、措施等分解落实到学校的一切活动之中，落实到学校所有教职工身上，使德育管理规范化。

（二）职业教育德育队伍建设

德育队伍是实施德育活动的主体，是最终实现德育目标的组织保证。建设一支精干高效、结构合理、专职与兼职相结合、骨干队伍与基础队伍相结合的专业化德育队伍，是实施德育活动、实现培养目标的根本保障。职业院校德育队伍主要包括学生专职思政人员、思想政治理论课教师、兼做德育工作的专职教师、党政干部、学生骨干。此外全校干部、教师、职工还需要协调配合。要建设一支政治坚定、结构合理、专兼结合、功能互补、业务精湛的德育队伍，必须要优化队伍结构，同时培养一批思想政治教育专家。通过明确的政策导向和制度规范，积极推进教育队伍的合理流动，思想政治理论课专任教师、专兼职辅导员都应按照教育部的相关规定配齐编制，不断增强队伍的战斗力。

要通过在职学习和岗位培训等多种形式提高德育教师的工作能力，提高现代化管理知识和技能。不断加强理论修养，特别要注重加强对马列主义、毛泽东思想、邓小平理论等的学习，提升政治水平、理论水平、政策水平、领导水平、思想水平和文化水平，坚定共产主义理想信念。切实抓好教职工队伍职业道德教育，提倡“讲理想、守师德、作奉献”的精神，以加强教职工的职业道德建设为重点，严格思想政治素质考核，引导教职工自觉加强师德修养，提升思想境界，真正做到为人师表、依法治教、服务育人，以良好的行为和人格魅力影响学生，从而引导学生寻找自己的生命意义，树立正确的成才观，实现人生应有的价值追求。

（三）寻求多方教育资源的全员支持

在当今这个信息开放、快速发展的时代，职业教育德育也应该是一个开放的系统。社会主义市场经济环境下的信息、价值流动，学校德育面临日益复杂的社会环境，学生也面临着各种价值观念、道德观念的冲击，因此，传统单一的学校德育模式注定不能适应新的社会要求。

在《公民道德建设实施纲要》中就明确提出：“家庭、学校、机关、企事业单位和社会在公民道德教育方面各有侧重、各有特点，是相互衔接、密不可分的统一整体。必须把家庭教育、学校教育、单位教育和社会教育紧密结合起来，相互配合，相互促进。要突出加强社会教育，巩固家庭教育、学校教育、单位教育的成果，促进公民道德教育的深化。”[①]《中共中央关于进一步加强和改进学校德育工作的若干意见》也指出：“学校教育、家庭教育、社会教育紧密配合。学校要主动同家长及社会各方面密切合作，使三方面的教育互为补充、形成合力。”[②]在重视资源整合的时代，职业教育德育应该置身于真实的环境中，主动联合各界力量，寻求融合多方教育资源的全员支持，加强学校、家庭、社会（特别是行业企业）的组织与配合，实现功能互补，才能形成强大的育人网络和整体合力。要与家庭、社会（特别是行业企业）建立长期的联系，在对学生的德育教育方面达成共识，密切配合。

① 《公民道德建设实施纲要》(2001 年 9 月 20 日)。

② 《中共中央关于进一步加强和改进学校德育工作的若干意见》(1994 年 9 月 9 日)。

（四）加强职业教育德育管理科学研究

在当前的职业教育理论研究中，关于职业教育德育管理的研究还比较薄弱，明显落后于其他学科的研究。在实际工作的开展过程中，一些常规的做法要么缺乏科学理论支撑，收效甚微；要么就偏向于临时性、短期性，一些好的做法没进行认真的总结提炼并进行宣传推广，这都大大影响了职业教育德育的效果，因此，职业教育德育迫切需要一套较为科学的、系统的职业教育德育管理理论来指导具体的德育实施工作。

职业院校应当把职业教育德育管理科学研究作为一项重要的先导性的科研工作来抓，最终用科研成果来指导学校德育的运行。职业教育德育管理科学研究是一项理论与实际紧密结合的科研工作，它不仅是在德育等理论指导下的科学研究，更是通过工作实践，逐渐积累、修正理论的过程，因为其中有很多的工作既是科研工作，也是学生教育管理等工作的具体组成部分。因此，它所形成的结果，很多就是各项管理制度和规范经实践检验后上升为理论，并最终成为规范职业教育德育工作的制度。

加强职业教育德育管理理论科学研究，要坚持把职业教育德育科学研究与日常工作结合起来，建立健全德育研究机构，围绕职业院校德育工作的热点、难点、盲点开展针对性研究，对职业教育德育理念、内容、机制等进行总结、深化、提高，使之系统化、规范化、科学化，形成一套行之有效的操作模式，减少德育工作的随意性，完善职业教育德育管理体系；研发编写学校德育校本教材，积累德育管理经验，以科研促管理，以管理保科研，丰富职业教育德育科学理论，提高职业教育德育工作的管理水平，促进职业教育德育工作的制度化、规范化运作，不断提高德育工作效能。

（五）提升职业教育德育管理服务质量

德育是职业教育中的重要一环，它不是学校部分教职工的任务，应该是全校教职工的共同任务。只有将德育纳入到整个职业教育体系中来,贯穿到教学、科研、管理、后勤服务等各个环节中去,强化全员德育意识,全校每个部门、每名职工都能在自己的本职工作中主动发挥思政部门和思政人员所不能取代的育人功能,才能将管理育人、服务育人落到实处,形成和谐的全方位的育人环境。

在德育管理工作中应树立服务意识,提高工作的主动性,努力做到服务育人和管理育人,德育工作人员乃至全体教职工的廉洁自律,为人师表,高水平、高质量的服务,能够给学生起到榜样示范的作用,对学生形成潜移默化的教育;建设良好的育人环境,可以调节学生的情绪和心境,培养学生文明卫生习惯,陶冶学生的高尚情操;通过勤恳工作、艰苦奋斗的优良作风,在各自的岗位职责范围内对学生进行榜样教育,使学生受到耳濡目染的熏陶。因此,不论是专职的德育工作者,还是学校其他教职工,都应该肩负起教育人、培养人的责任,要有集体荣誉感,在工作中要做到敬业爱岗、主动热情、无私奉献、善于沟通与合作,才能真正改变思想政治教育队伍孤军奋战的尴尬、被动的局面,才能团结一致共同实现德育目标。

三、职业教育德育的激励机制

为了加强和改进职业教育德育工作,调动全体教职工参与德育工作的积极性、主动性,激励全体学生遵纪守法、热爱集体、勤奋学习、诚实守信、团结互助、自觉培养良好的思想品德和行为习惯,学校须进一步完善德育奖励制度,形成德育工作的激励机制。激励措施包括外在激励与内在激励、物质激励与精神激励、环境激励与情感激励。

对于师德、能力等表现杰出的教职工要给予表扬和奖励,并授予相应的荣誉称号,如先进工作者、优秀党员、五佳学生工作者、优秀辅导员、优秀班主任等;对品学兼优、德智体美劳全面发展,起到了模范带头作用的优秀学生予以精神和物质的奖励，如开展三好学生、优秀团学干部、优秀团员、优秀毕业生、精神文明先进个人等评选活动，树立先进典型；对在学风、教风建设等方面做出了杰出成绩育人成效显著的集体应给予支持奖励，如评选教育质量先进集体、先进班级、优秀团支部、文明宿舍等，培养学生的集体主义荣誉感，积极发挥集体的德育功效。

学生的个体道德水平大都由集体现有的思想道德水平所决定，优良的校风、院风、班风会形成优良的竞争与监督的氛围，有利于培养学生的优良精神品质。因此，职业教育德育管理应重视发挥集体的教育功能，特别是班集体对于学生个体的完善促进作用，应着力加大对优秀班集体建设的鼓励支持力度。学校要根据学校德育工作的要求，进一步修改各类先进评选的条件和评选办法，加大先进评选的比例，同时加大奖励的力度。特别是辅导员、班主任，作为学校德育工作的主要力量，更加需要调动其开展德育工作的积极性和创造性。学校应按照教育部有关规定制定配套措施，切实解决德育专职人员的学习培训、职称职务晋升、科研项目申报等实际问题，创设更好的工作和生活条件，解决后顾之忧，鼓励他们坚定信心开展好德育工作，保证他们能够全身心地投入到德育工作中来。

重庆工业职业技术学院非常重视专业教师参与德育活动，加大了专业教师指导、参与德育活动的力度，将专业教师指导、参与德育工作纳入教师年度教学考核，学校通过计入教学工作量、创新新项目的支持，评优评先等形式鼓励专业教师以及思想政治理论课教师要结合本专业、本课程的教学内容、教学特点设计相应的校园文化活动或社会实践等德育活动，将课堂教学与第二课堂有机融合。这些措施积极鼓励了教师全员参与到德育教育工作中来，做到了“教师全员育人，学生全员有指导教师”。

四、职业教育德育的监督机制

职业教育德育的监督机制是职业院校在开展德育工作的过程中根据德育目标对工作内容、工作过程、工作创新与成效进行科学的判断，是职业教育德育管理的重要内容，也是推动职业教育德育工作顺利实施的重要环节。它是对职业教育德育工作的实施过程进行检验监督，其作用在于能够使学校和德育管理部门即时全面了解和掌握全校以及各个部门、各条战线德育工作开展的状况和水平，不断总结工作经验，探索职业教育德育规律，加强对现实工作的管理与指导，促进职业教育德育工作进一步向科学化、规范化发展。

为体现职业教育多方联动的组织原则，可组建由主管单位、用人单位、学生家长、社区代表等多方参与的职业院校德育工作评估小组，负责对院校德育工作的日常开展情况督查评估，保证职业教育有关政策法规的贯彻落实，实现职业教育德育目标。

校内构建起过程监控和阶段性的评价体系，在实施的过程中，不仅要发挥德育领导小组的监督作用，还要充分发挥全体师生乃至家庭、社会的监督作用。发挥“人人有事管、事事有人管”的监督管理作用，督促各项德育制度的贯彻落实，并定期通过座谈会、网络问卷、公开电话、意见箱等形式收集获取各方的监督反馈意见。根据学生的思想和现实表现，检验德育目标的完成情况，并根据反馈意见及时调整、完善职业教育德育的内容与要求，充分发挥各级部门、各类成员在职业教育德育目标实施过程中的主动性和能动性。

第八章

职业教育德育评价的多维性

职业教育德育评价，简单说是德育主体对德育实施过程、德育效果的评价。德育评价随着国家对德育的重视而发挥着越来越重要的作用，完善的德育体系，德育评价这一环节不可或缺。本章通过对完善评价体系应遵循的原则、德育评价主体的确定、评价标准的设置以及评价结果的反馈等系列过程，逐步优化德育过程、提高德育效果。

第一节　完善评价体系遵循原则

德育评价是一种价值判断过程，是德育主体作为评价者，依据已经制定好的评价标准与指标体系，对整个德育实施过程以及德育效果做出的价值评判，并通过最后评价结果的一个反馈，有针对性地解决德育工作中理论与实践环节存在的问题，提高德育工作的效能。要达到这一目的，我们需要建立科学的德育评价体系。

一、德育评价体系现存问题简述

我国对德育评价的理论研究始于20世纪80年代。到目前为止，对德育评价体系的构建、德育评价的实施过程、德育评价的结果反馈等方面的研究,仍旧不是十分成熟,不论从理论还是实践层面。尽管各类学校都在德育工作上努力改进和完善,其中不乏颇有成效者,但是,其间仍旧存在一些问题,需要着手解决。

(一)从理论研究层面来看,其理论研究具有滞后性

理论研究与时代的发展与需求存在一定程度的脱节。对评价理论的研究需要做到与时俱进,理论研究的落后,必定会影响到评价标准的设置、指标体系的制定以及最后的评价结果的科学有效性。尤其是对职业院校而言,任何一个环节对社会发展与需求都十分敏感,且联系十分紧密,如果稍微没有科学把握和紧跟时代的脚步,对于职业院校的人才培养以及自身的发展,都是不尽人意的,面临着被社会淘汰的危险。现代德育并不仅仅是对受教育者的思想品德的教育,政治教育、心理教育、法律教育也融入其中。德育内容愈丰富,德育评价涉及到的指标等就更为复杂,这就要求德育评价体系要与这些学科的理论发展保持一致。

(二)从实践层面来看,需要进一步完善

1. 评价主体的参与不均衡

德育主体与评价主体应该是一致的,德育主体的教育者与受教育者,也是评价主体的评价者与被评价者,在某一特定情况下,两者是相互的。在评价实施过程中,任何主体都要参与,且应该根据他们在整个德育过程中的作用大小进行评价程度的划分。在评价者对被评价者进行评价的过程中,我们可以看到,评价主体的参与其实是不均衡的。很多时候,评价主体仅仅是学校及教师,被评者即学生。政府、社会、企业(行业)的参与十分少,有的甚至没有。

2. 评价指标较为单一,特殊性不明显

虽然说,我们目前的德育内容十分广泛,评价指标相对来说也应该丰富、多元,体现共性与特殊性、横向与纵向的结合。但鉴于在德育

过程中对德育内容的主次之分，德育评价指标对于主要的德育内容或活动进行有效的评价，但对次要德育内容的评价重视度不够，在整个评价过程中，对于不同被评价者的特殊性没有真正体现。对于特殊的评价指标，要么不予考虑，要么敷衍对待，评价指标的科学性和有效性值得商榷。

3. 评价的主动性不够

这主要是针对评价者与被评价者而言的。作为评价者，在整个过程中扮演着重要的角色，应该主动地去观察、去监督、去评价并及时反馈相关问题。作为被评价者，在整个过程，也应该积极主动地接受评价者的考察、评价，并展开自我检查或自我批评。在实际操作中，两者的主动性都不够。主动性的欠缺，直接导致对德育过程的把握度不全面，导致问题的堆积，这是导致德育工作低效能的重要原因之一。

4. 评价结果反馈不及时

对评价结果的及时反馈，对德育工作的改进和完善有着重大意义，直接对德育评价体系的构建与完善产生影响。有些学校只负责完成对德育的评价，这一阶段的德育工作就暂时告一段落，不再理会，对评价结果也没有进行认真地总结和反思。对评价结果的反馈不及时，直接影响整个评价体系的改进和完善，不利于下一步德育工作的开展。

二、完善评价体系的必要性与意义

教育改革的深化，需要我们有与之配套的评价体系，这既是对贯彻教育方针的真实反映，更是提高办学水平、教育质量和提升学生素质、培养社会主义合格建设者和可靠接班人的有力保障。德育作为教育体系的重点，其评价体系的完善对于培养高素质的人才，促进学生的全面可持续发展更是具有重大意义的。无论从德育工作本身，还是学校、学生甚至社会角度来讲，完善德育评价体系都是一种必然的要求。

(一)完善评价体系是社会发展的需要

完善评价体系是社会发展的需要,这主要源于德育的时代性特征。德育的时代性特征要求德育的内容、目标、方式方法等必须要与时代的发展保持高度一致,这是培养符合社会需要的人才,为社会主义建设服务的根本。德育评价体系的理论研究本身就具有一定的滞后性,理论的滞后性对实践过程也有一定的影响,这就要求各学校要根据时代的发展趋势和社会的发展要求进行德育评价体系的完善,尤其是职业院校中的高职类学校,更应该有这样的理念。高职类学校德育及其评价体系都与社会、与企业(行业)关系密切,他们更应该对此高度敏感,与社会、与企业(行业)的人才素质要求保持一致,才能凸显他们的"职业性",凸显职业教育的优势,同时,也能缩小与本科院校之间的差别,在职业生涯中更具发展优势。

(二)完善评价体系是调动评价主客体积极性的需要

德育评价的主客体主要涉及到学校(教师、管理者)、企业(行业)、政府、社会、家庭以及受教育者(学生、学历继续教育者、技术技能短期培训者、职业资格证书培训者),多元的主客体在德育评价过程中都有着不同的作用和分工。评价过程的和谐、评价结果的公正需要各评价主客体都能共同参与,并发挥应有价值。在实际的德育评价过程中,各主客体的参与缺乏主动性,积极性不够,他们的作用并没有得到充分的发挥。德育评价主客体的积极性是需要采取手段调动起来的,以确保德育评价过程的公正、公平、公开、有效。

(三)完善评价体系是优化德育工作、提升德育效能的需要

要优化德育工作、提升德育效能必须对德育评价体系进行改革和完善。德育评价工作的直接目的是检查德育的结果,看德育的结果是否符合预期的目标,同时,也在检验德育理念与目标制定的科学性和

可操作性,并以最终的评价结果对现有的德育进行改革和审视,对不足之处再进行修正。再者是我们的德育工作者以及企业(行业)、社会等都期望德育工作能摆脱低效能的状态,对学生也是如此。虽然德育范围扩大,学生的课内课外生活日益丰富多彩,学生可以通过多种途径参与到德育中,并完成相关任务,但是,学生反映德育的效果并不是很好。除了主观因素外,德育评价体系是重要的客观因素,要提升德育的效果和功能,通过德育评价体系的完善可以达成目标。

(四)完善评价体系是推进德育工作可持续发展的需要

德育工作并不仅仅是一个阶段的事情,它贯穿于人的一生,是可持续性的。德育工作的最终目的是实现人的全面自由的发展,德育工作的可持续发展是与人的发展紧密联系在一起的。德育工作的顺利进行以及长远发展,离不开德育评价体系。我国目前对德育工作尤为重视,在社会主义核心价值观指导下,要实现德育工作的可持续发展,实现育人的目标,德育的任何环节都不能有所偏颇。为了防止和解决德育工作中出现的断节现象,必须对德育工作过程、结果等有客观公正评价与及时反馈。而在整个德育体系中,评价体系的构建与实施可以有效地解决这一问题,但是目前德育评价体系也存在着一些问题,为了科学推进德育工作的可持续性发展,对其改革与完善势在必行。

三、完善评价体系应遵循的原则

既然完善德育评价体系是时代与社会、德育自身长远发展以及人的全面自由发展的主客观要求,我们应该紧密结合科学发展观、社会主义核心价值观等指导思想的要求,结合社会发展的需要,结合受教育者的自身发展规律,结合德育工作实际过程,逐步完善德育评价体系。

(一)与时俱进原则

完善德育评价体系要遵循与时俱进的原则,这源于德育理念、德育内容、德育目标等的开放性与时代性的特征。与时俱进原则,主要是体现在德育评价体系的理论支撑与实践操作环节(主要包括评价过程方法、评价指标设置、评价结果反馈方式等)的与时俱进、先进性方面。理论上的与时俱进,既是对德育工作的要求,也是对德育评价体系构建的要求,即紧密结合专家、学者们的理论研究与社会主导思想,为德育评价体系的构建奠定理论基础。实践操作环节的与时俱进,主要是在评价采取方式、评价过程、指标设置、评价结果反馈等四大方面体现时代性,并具有一定的创新性,尤其是在评价采取方式、指标设置与评价结果反馈环节。评价采取方式,主要是根据实际情况,采用新的评价方式,使评价更为快速、全面、高效。指标设置,关系着最后的评价结果的精确性和科学性,涉及到对诸多的内容制定判断标准。指标设置的合理性与科学性,必须要体现先进性与社会要求,这样的指标才有效。评价结果反馈,主要是指其反馈方式的与时俱进。结果反馈的方式可以通过微信、微博等新形式,防止反馈的过时与失效,提高其反馈的速度与效率。

(二)科学性原则

科学性原则,主要是指德育评价体系在方法选择、评价方式、指标制定、数据整理与分析等方面的科学。德育评价方法有多种,如模糊评价法、评语评价法、考试考核测评法与观察访谈法等等,并不是所有的方法都可以适用在对德育工作的评价上。我们应该针对评价内容进行科学性的选择,针对性的评价方法,能更为快速、高效能地对相关数据等进行分析统计。评价方式与评价方法不同,评价方式是在确定采取何种评价方法后,具体的实施过程。我们对德育工作的评价,要改变以往的仅仅是学校或者教师为主体的评价方式,以科学性为原则,选择教育者与受教育者相结合、教育主体与教育客体共同参与或者全员参与的方式,构建和完善德育评价体系。评价指标的制定,则是要求作为教育主体或者管理者，要制定指标时，要确保其指标的科学性，以有利于随后数据的统计与分析，确保数据的真实可靠，有利于对德育过程的公正、客观的判断。

（三）连贯性原则

连贯性原则，则是主要指评价体系从评价准备过程、评价实施过程、评价结果反馈过程的各环节的连贯性、不可分割性。德育评价体系作为德育体系的子体系，需要保证其整体性、连贯性。德育评价各个环节是环环相扣，是统一整体，不能断节更不能分割。任何一个环节出现问题，都直接影响着下一个环节的实施与进展，以及最后的评价结果。

（四）开放性原则

开放性原则，则是要求评价过程、评价结果以及评价过程监督的开放性。这三者的开放，关系着整个德育评价的公正、公平、公开，以及德育工作监督的透明化与全民参与。德育关注人的全面发展，而人的发展，并不是仅指单个人的发展，而是全民族、全人类的发展。马克思关于人的全面发展理论，对人的全面发展的实现设置了三个必要条件，只有在条件满足的情况下，才能实现人的全面发展。德育评价体系构建与完善所坚持的开放性原则，正好可以从物质与精神领域，为人的全面发展提供必要的支持与保障。

第二节　职业教育德育评价的主体

职业教育德育评价的主体，是与德育主体一致的，这里的评价主体分为教育者和受教育者，两者在某些时候可以相互融合和转换。教育者主要包括学校教育管理工作者、行业与企业专家、政府部门工作者、社会群体与家长;受教育者主要包括全日制学生、学历继续教育者、技术技能短期培训者、职业资格证书培训者。就高职院校而言,其教育体系中的德育评价主客体主要包括教育者以及受教育者中的全日制学生。

一、教育者

职业教育德育的教育者,宏观上包括政府部门、社会,微观层面则包括学校、行业与企业、学生家长。他们在不同的德育环境中发挥着相应的作用,对受教育者关系最为紧密、影响最大的教育者主要是后三者。其中,学校教育管理工作者最为重要。

(一)学校教育教学管理工作者

学校教育管理工作者,直接参与德育教学、指导、管理与监督德育实施过程,是职业教育德育评价的第一主体。学校教师参与德育教学环节,对德育的效果以及学生的培养起着直接作用。德育采取何种方式、德育如何、学生对德育过程的反应如何等等,都与教师的理论教学与实践教学紧密相关,学校教师对学校的效果、对学生的参与积极性等最具有发言权。学校的教学管理工作者,对德育工作起着指导、管理与监督的作用。包括在构建德育评价体系中,采取何种方法、选择何种方式进行评价,如何进行评价结果的反馈与改进措施的制定等等进行宏观层面上的指导与把握。学校的教育管理工作者是整个德育过程的直接参与者,理所应当地在德育评价体系中作为重要主体占据着首要位置。

(二)行业与企业

行业与企业作为职业教育德育评价的第二主体,源于职业教育的“职业化”特征以及与它们的特殊合作关系。职业教育德育要符合企业(行业)发展以及对人才素质的需要,职业教育德育在制定与实施过程中，就十分注重对学生综合素质，尤其是与职业道德、职业素养等相关的教学与实践，更注重企业或者行业对学生所具有素质的要求。德育要体现职业化的特征，德育评价体系的构建与完善等更应该将“职业化”特征凸显。职业院校历来与行业（企业）有着密切的合作关系，校企合作进行得如火如荼，这一特殊的合作模式，为职业院校的长远发展带来了新的契机，同时，也对其内在建设提出了更为严格的要求。在市场经济体制下，只有满足和符合企业（行业）要求的德育才具有价值，而企业（行业）作为德育评价的第二主体，在参与德育评价时，对德育效果以及德育过程的监督有着积极作用。

（三）家长

家长是德育评价的第三主体。家长对德育工作的评价，最主要是通过学生的表现和成绩，看学校的效果。同时，家庭作为另一个重要的德育环境，也潜移默化地影响着德育的效果。家庭教育与学校教育、企业（行业）教育同等重要，在家庭环境中，家长更容易对学生进行真实的评价。学校或者企业（行业）也可以把家长的评价作为学生素质培养与潜力发挥的参考。

（四）政府部门与社会

政府部门与社会是德育评价的第四主体。政府部门与社会在德育评价体系的构建与实施过程中，主要起着宏观调控与监督的作用，德育评价过程需要政府部门的干预、社会的监督。政府部门与社会的参与，为德育工作的进展提供了重要的政策保障与舆论支持。政府在统筹社会的发展，社会的发展又在制约着职业教育德育，三者的复杂关系要求政府部门与社会必须积极主动地参与到德育评价过程中，并对德育评价的过程、效果等起严格监督的作用。

二、受教育者

受教育者主要包括全日制学生、学历继续教育者、技术技能短期培训者、职业资格证书培训者。针对职业教育对象,这里主要指全日制学生。全日制学生严格来说,是德育评价的客体,在这里将其作为主体之一,最主要的原因是学生作为德育过程中的受教育者仍旧要参与到德育评价中,对德育过程中的教育者——学校教育管理工作者的评价,也就是对德育效果的评价,他们最具有发言权,这是他们主体性意识的体现,是德育评价过程中,受教育者与教育者应该相互融合和转换的体现。简言之,教育者与受教育者,他们同时作为德育评价的主体,在一定范围内,他们可以进行互评,科学有效的德育评价应该是多元主体共同参与的结果。

第三节　职业教育德育评价的标准设置与指标体系

职业教育德育评价的标准设置、指标体系与德育评价过程、结果反馈是紧密相连的,科学、合理的标准以及指标体系,能为评价过程的实施、结果的反馈提供及时有力的支撑,同时,也可促进德育评价发挥成效。

一、职业教育德育评价的标准设置

德育评价标准,是在德育评价中评价者应用于对象的价值尺度,是德育评价得以顺利进行的基本要素,也是德育评价能否得出科学结论的关键[①]。职业教育德育评价标准,只是将评价范围缩小,并具有较强的针对性,其本质内涵并没有发生改变。要建立科学、合理、具有可操作性的评价标准,主要是对德育主体、德育目标、德育内容、德育过

① 薛传佳:《对大学生德育评价体系构建原则的研究》,载《燕山大学硕士论文》,2009年,第41页。

程、德育方式、德育的效果等方面进行标准的设置。

(一)德育主体的评价标准设置

德育主体的评价标准设置,主要是对德育主体中的教育者而言,对他们自身素质水平等方面设置一定标准,以方便对其进行综合评价和判断。德育主体分别有政府部门、社会、学校、行业(企业)、学生家长,虽然同为德育主体,但是,不同的主体却有不同的责任和使命。为确保德育评价过程中对各主体的公正、公平性,将结合共性与特殊性的要求,分别设置不同的标准。

就学校而言,学校的教育教学管理工作者是众多主体中最重要、影响最直接的德育主体。担任德育教学的教师,最主要的是评价他们的教学效果。教学效果的好坏与教师自身素质水平、教学理念、教学手段等密切相关,从教师是否具有较高的自身素质,并且在不断提升自己;教学理念是否符合学校的人才培养理念、德育工作理念,是否做到了与时俱进;教学手段的采用是否灵活多样;教学效果是否良好,对学生有较强的吸引力,能调动学生的积极性等等这几方面进行评价标准的设置,定能最终做出公正公平的评价。

就企业(行业)而言,对他们的评价标准,主要集中在他们对企业(行业)文化的介绍与传播、对企业(行业)所需人才核心素质的要求与教育、对学生在教学实践环节中的参与效果这几方面。深化发展的校企合作方式是目前所有职业院校的人才培养模式之一。校企合作的直接目的是企业和学校一起,进行文化的相互融通,实现对受教育者的职业理念、职业素养、专业技能等的全面发展,使受教育者符合企业(行业)的发展要求,所以说,企业(行业)在整个德育过程中的参与度十分重要。相应的标准设置就是三方面的程度上的问题了。

就政府、社会、家长而言,他们也要参与到德育过程中,在不同德育环境中发挥应有的作用。相应的,我们在制定评价标准的时候,分别侧重的是:政府的政策支持力度与宏观调控力度,是否能为职业院校的德育工作提供政策上的保障与财力、物力、人力上的支持,能否正确把握职业院校德育开展情况,能否对职业院校的德育实施过程进行及时有效的监督,加大宏观调控力度,但又不过多干涉;社会舆论导向与发展要求是否清晰、德育工作是否与社会发展相一致、社会是否在积极参与到学校的德育环节中;家长在德育过程中,是否有积极地参与,对学生是否有正确的引导、对教师的教学是否有一定程度的了解等等,这些都是作为德育主体应该设置的评价标准。

（二）德育目标的评价标准设置

职业院校的德育目标具有层次性,从培养合格公民开始,培养合格职业人、可靠接班人以及最高层次的全面发展自由人。德育目标引领着德育过程的实施与开展,对其评价标准的设置,主要是看各类各层次职业院校所制定的德育目标是否符合自身发展与学生发展的要求,是否符合社会与企业(行业)发展的要求,是否有层次性地培养了人才,是否为社会主义事业的建设服务。

（三）德育内容的评价标准设置

德育内容主要包括职业政治教育、职业道德教育、职业健康教育三大方面,对德育内容的评价标准的设置,也应该紧紧围绕这三方面进行。在职业政治教育中,是否包含了对学生科学思维方式、职业政治人格、遵纪守法的职业人的培养与塑造等内容;在职业道德教育中,是否包含了对职业道德规范、职业道德素养内容;在职业健康教育中,是否包含了卫生教育、心理健康教育、安全教育等内容。以最基本的“有”和“无”、“好”或“不好”作为对德育具体内容的评价标准。

（四）德育过程的评价标准设置

德育过程主要是德育主体对德育目标、德育内容的实践的过程。对这一过程的评价,需要涉及到德育实施过程中的管理者与教育者、德育目标与德育内容的实践情况。对德育过程评价标准的设置,主要是管理者与教育者是否各司其职;德育目标是否逐一地实现,是否严格按照各层次德育目标的要求来进行,是否符合社会与企业(行业)的发展需求;德育内容是否详尽,是否全部讲授,是否有助于德育目标的实现,是否科学、合理。

(五)德育方式的评价标准设置

德育方式关系着德育效果的最终实现程度。科学、合理、高效的德育方式可以让德育工作达到事半功倍的效果。德育方式的评价标准主要是看德育方式的选择与使用是否符合德育内容的教育,是否符合学生的身心发展特点,是否做到了普遍性与个体差异性相结合,是否做到了理论教学与实践教学的统一,是否做到了德育多途径的统一等等,促使德育方式的丰富多样。

(六)德育效果的评价标准设置

德育效果是对整个德育工作以及参与到德育环节中的各主客体活动的成效好坏的判断。德育效果的评价标准,主要从以下方面进行设置:是否实现了德育目标及其实现程度;是否解决了职业院校德育工作存在的问题;是否提升了受教育者的综合素质;是否为社会区域经济、为企业(行业)的发展提供了大量人才;是否符合、满足了社会、企业(行业)发展对人才素质的要求;是否促使了德育的可持续发展等等。

二、职业教育德育评价指标体系

德育评价指标体系是德育评价目标体系的进一步细化,也就是说,某一项目标我们仍可以把它细分为若干项目,这些若干项目,我们称之为“指标”。德育评价目标只有化为德育评价指标之后才能用于德育评价①。鉴于评价指标的普遍性与特殊性、相对性与绝对性、单一

① 班华:《现代德育论》,安徽人民出版社 2001 年版,第 286 页。

性与综合性的特点以及在制定指标时应遵循的实用性、可操作性以及全面性等原则,制定科学、合理的指标对德育目标的实现以及与评价结果的有效性均有重大意义。

紧密结合德育评价标准的设置,我们将职业教育德育评价指标体系分为以下四部分。

(一)对德育主客体的评价

对德育主客体的评价,主要是对德育工作者、受教育者的评价。德育工作者主要是德育教育者、德育工作管理者。对他们的评价,主要是看德育教育者是否具有专业背景和教学资格,是否具有较高的素质和修养,是否在教学过程中采取了灵活多样的教育教学方式,调动了学生的学习积极性。还有教育者队伍的年龄、职称、专业等是否呈科学比例等等,都作为指标之一来对教育者进行综合的评价。德育工作管理者,主要是指学校领导以及相关的行政部门,他们对德育工作的支持。作为管理者,应该在德育过程中履行最基本的计划、组织、指挥、协调、决策、监督等职责,尤其是在指导思想、制度管理与人员素质方面,对三者的评价是他们在德育评价工作中的重点。管理者对指导思想的确认、对制度管理的改革与优化、对管理队伍人员素质的全面提升等,都是在为德育评价服务。受教育者主要是指在校学生,对于非在校学生,即其他受教者群体,这里不再赘述。对学生的评价,主要是从他们的思想状况、道德水平、心理素质、人际交往能力等方面制定指标进行综合评价,并最后根据评价结果,对他们进行相应的提升和自我完善。

(二)对德育过程的评价

德育过程的评价,是比较复杂的,因为德育内容的多元化、德育目标的层次性以及德育途径的多样性。德育内容的多元化要求,需要在具体的德育实践过程中,将德育内容面面俱到,而且要做到理论教学与实践教学的结合，并且针对某些特定的内容，实践教学要占主要地位。在对德育内容的教学过程中，辅之以形式多样、丰富多彩的社会实践活动、校园文化建设活动、网络教育等途径，德育内容和德育途径，最终都是为了实现德育的层次性目标。整个德育过程的评价，主要涉及到管理者与教学者是否各司其职，德育内容是否详尽，是否科学、合理、与时俱进，时代性与社会性特征是否明显，是否符合社会与企业（行业）的发展需求，是否有助于德育目标的实现等，指标的确定与实现，对于德育过程以及最后达到的德育效果来说，都有着极大的约束性。

（三）对德育效果的评价

德育效果，即通过德育主体的能动性，德育主体给德育客体、社会、国家等带来的个人价值和社会价值。德育的效果是直接通过德育客体反映的，十分直观，通过德育客体在接受德育后的变化，可以对德育工作和德育效果进行评价。德育效果分为五个等级，等级的最终确定，除了德育客体外，还有德育活动对社会、对国家的建设与发展所带来的社会效应。当个人适当效益得到满足后，更多的应该是对社会的奉献。德育的最终极目标是人全面自由的发展，这就需要在确定该判断指标前，考虑到人的发展与社会的发展，只有共同发展，这样的德育才是成功的。

（四）对组织机构的评价

德育工作部门对德育负有组织、领导、决策、实施、检查和督导的重大责任，对德育的全局具有决定性的影响。对德育工作部门的评价，主要是对影响全局的指导思想、制度管理和人员素质进行评价。如德育工作的检查、督促和落实情况；德育工作及管理的有关制度和规定是否科学与合理，德育工作人员及队伍的思想建设、作风建设和组织建设（考核、培训、提高等），以及德育的基本理论研究和调查研究开展的情况等等。只有教育部门的评价和建设搞好了,德育才可能获得正确的和坚强有力的领导。

第四节 职业教育德育评价的过程与结果反馈

通过对职业教育德育评价体系现状与意义的概述,我们对完善职业教育德育评价体系应遵循的原则进行了阐述。在这基础上,我们明确了职业教育德育评价的主客体,进一步制定了德育评价标准与指标体系,对于职业教育德育评价工作我们已经做好了充分的准备。职业教育德育的评价过程与对其结果的反馈,为德育工作画上了完美的句号。

一、德育评价的准备阶段

德育评价的准备阶段,程序如下:我们首先要对制定的德育目标进行分析,科学认识和了解各层次各阶段的德育目标,并正确把握。然后结合对德育目标的分析,设计一套评价方案。在设计评价方案的过程中,要考虑到评价方案的可信性和可操作性,坚持实事求是的原则,另外,在设计方案时,对可能存在的隐性问题或者已经存在的显性问题极力规避,同时,准备相关的解决措施,以应对突发情况。德育评价是个复杂的过程,选择合适的评价方法十分重要,主要有三种:一种是直接打分法。就是将考核指标直接赋上分值,由参评人员根据被考核对象的情况打出每一项的小分,然后汇总后累计分数,最后加权平均得出最后的分值。第二种是定性评级法。这种方法撇开直接打分法的思路,将每一个指标中的项目定为五级(优、良、中、及格、不及格),再设计一个综合档次栏,有参评人员在相应的空格等次内打上一个表明自己意见的符号。第三种是定性定量结合法。这种方法就是将第二种方法中存在的难点进行量化，实现定性与定量的结合，这样的评价方式更为科学合理。在方案设计好以后，开始选择人员组成评价小组。对于人员的选择，领导者或者管理者应该本着“公正、公平、公开”的原则，对小组成员的要求必须严格，以保证实施过程的公正性。最后是德育评价工作的总动员，在动员环节，领导者或者管理者务必讲清楚德育评价的相关要求和原则，分工明细，各尽其职，并公布与之相配套的惩罚措施。德育评价的准备工作必须仔细，以确保德育评价工作的顺利展开。

二、德育评价的实施阶段

德育评价的实施阶段，是十分重要的环节。虽然说，这一阶段的任务主要是搜集第一手资料。主要是通过合理的分工，以分工后的小组为单位，收集相关评价信息，科学技术越来越发达，收集评价信息的方式和途径也就越多，面对繁杂的信息，对成员而言，要求其学会筛选。评价信息收集好之后，小组长必须要求小组成员在对数据进行分类、汇总时，必须仔细，且对数据暂时保密。

重庆工业职业技术学院的德育评价主要采取的是二级管理下的自主评价方式。学校为调动二级学院或部门的工作积极性与参与性，根据各自的运作特点，实现了权力与责任的下放，尤其是在二级学院和部门工作的考核中。学校对德育评价的实施，主要是集中在学生工作处（校团委）、教务处、党委宣传部、思想政治理论教学部、各二级学院以及直接负责相关责任工作的学校领导。因为教育过程是多部门共同参与，所以整个评价过程也需要各部门在对德育过程情况的科学把握的基础上，给予综合评价。评分细则根据不同部门在德育过程中承担的责任和义务来进行划分。

按照德育评价标准，相关部门开展的德育活动，例如德育活动的宣传、组织、内容、方式等等，以实际开展过程、效果进行分部门的评价，最后将所有的评分进行整合，所得出的分值才具有客观性，此时的德育评价才具有真实有效性、客观公正性，才对后续工作的开展具有借鉴意义。

三、德育评价的结果及其反馈

德育评价的结果及其反馈阶段是最后一个环节。这个环节是对德育评价数据进行分析处理，然后根据分析处理后的数据，对比在准备阶段设计好的评价方案，对其中存在的问题及时反馈，形成反馈机制，并完善评价方案或者是修改相关评价标准，力求评价指标的科学、合理、适用，同时也确保德育评价的高质量和高效率。对汇总后的德育评价数据进行分析处理后，形成相关结论，此结论按照德育评价的标准设置要求，一般按照五级制划分等次。接下来，对已有的结论进行再次的分析诊断，从而确定道德评价的质量。如果此次的评价质量不达标或者没有预期的好，那可以通过之前的分析诊断重新分析检查，返回评价方案，通过及时对疑难问题的反馈，建立一套长效的反馈机制，以最终保证德育评价工作的高效能化。

参考文献

[1]宋长生:《高校德育工作针对性和实效性研究与实践》,哈尔滨工程大学出版社2007年版。

[2]鲁洁、王逢贤:《德育新论》,江苏教育出版社2002版。

[3]赵玉英、王典兵:《德育原理》,山东人民出版社2008年版。

[4]班华:《现代德育论》,安徽人民出版社2001年版。

[5]王立仁:《德育价值论》,中国社会科学出版社2008年版。

[6]范树成:《德育过程论》,中国社会科学出版社2008年版。

[7]郭风志:《德育文化论》,中国社会科学出版社2008年版。

[8]赵志军:《德育管理论》,中国社会科学出版社2008年版。

[9]胡厚福:《德育学原理》,北京师范大学出版社2000年版。

[10]张向东:《高等职业教育德育概论》,武汉大学出版社2013年版。

[11]刘献君:《大学德育论》,华中科技大学出版社1996年版。

[12]马克思、恩格斯:《马克思恩格斯文集》第1卷,人民出版社2009年版。

[13]苏姆霍林斯基:《家长教育学》,中国妇女出版社1982年版。

[14]罗尔斯:《正义论》,中国社会科学出版社1988年版。

[15]罗国杰:《思想道德修养》,高等教育出版社1999年版。

[16]李光辉:《职业道德与职业指导》,重庆大学出版社2002年版。

[17]郑忠梅:《文化取向下的大学网络德育研究》,湖南师范大学出版社

2007 年版。

[18]廉水杰:《转型期高校德育新论》,西北大学出版社 2003 年版。

[19]何月霞:《职业素质教育》,机械工业出版社 2011 年版。

[20]鲁洁:《当代德育基本理论探讨》,江苏教育出版社 2003 年版。

[21]彭柏林:《道德需要论》,上海三联书店 2007 年版。

[22]诸培君:《德育论》,安徽教育出版社 1993 年版。

[23]檀传宝:《学校道德教育原理》,教育科学出版社 2000 年版。

[24]冯建军:《当代主体教育论》,江苏教育出版社 2001 年版。

[25]于光:《德育主体论》,中国社会科学出版社 2010 年版。

[26]潘菽:《教育心理学》,人民教育出版社 2001 年版。

[27]张元:《职业生涯设计》,北京师范大学出版社 2007 年版。

[28]陈珊:《思维要出圈,行动要到位》,中国经济出版社 2013 年版。

[29]吕承龙:《职业道德决定卓越》,中国商业出版社 2014 年版。

[30]郑希付:《健康心理学》,华东师范大学出版社 2003 年版。

[31]陈态著:《学生心理健康与社会适应》,国际文化出版公司 2007 年版。

[32]张耀灿:《高校德育灵魂工程》,武汉大学出版社 2002 年版。

[33]詹万生:《整体构建德育体系总论》,教育种学出版社 2001 年版。

[34]袁元:《德育原理》,广东高等教育出版社 2000 年版。

[35]王玄武:《比较德育学》,武汉大学出版社 2003 年版。

[36]蒋勇、邱国栋:《论个人品德与社会公德、职业道德、家庭美德及其关系》,载《思想政治教育》,2010 年 9 期。

[37]高国希:《论个人品德》,载《探索与争鸣》,2009 年 11 期。

[38]魏英敏:《试论道德行为与道德品质》,载《湖南师范大学社会科学学报》,2009 年第 5 期。

[39]王滨有:《道德品质形成发展的内化与外化运行机制》,载《北京化工大学学报》(社会科学版),2004 年第 1 期。

[40]李新生,刘敏:《"三育人"德育机制的实践探索》,载《教育与职

业》,2007 年第 27 期。

[41]荀莉:《职业教育课程融入产业文化的思考》,载《职教论坛》,2013 年第 27 期。

[42]余祖光:《先进工业文化进入职业院校校园的研究》,载《职业技术教育》,2010 年第 22 期。

[43]谷猷晖:《高职校园文化中融入企业文化:作用与途径》,载《中国成人教育》,2011 年第 9 期。

[44]张俊茹:《企业文化进校园的实施途径》,载《中国现代教育装备》,2012 年第 5 期。

[45]董显辉:《职业文化的内涵解读》,载《职教通讯》,2011 年第 15 期。

[46]孙卫卫:《文化生态——文化哲学研究的新视野》,载《江南社会学院学报》,2004 年第 1 期。

[47]郭扬:《职业院校应建设成为校企合作办学的管理平台》,载《中国职业技术教育》,2009 年第 36 期。

[48]杨国欣:《德育与思想政治教育比较及现实意义》,载《中国特色社会主义研究》,2009 年第 1 期。

[49]崔雅男:《和谐社会视域下的高校德育目标构建研究》,哈尔滨师范大学硕士论文,2010 年。

[50]薛传佳:《对大学生德育评价体系构建原则的研究》,燕山大学硕士论文,2009 年。

[51]李培林:解读十六届三中全会精神:论中国新发展观,http://www.lackup.net,2013 年 12 月 8 日。

[52]中共中央关于完善社会主义市场经济体制若干问题的决定,http://www.lackup.net,2003 年 10 月 14 日。

[53]王锡耀:《职业人培养方案的制定与实施》,载《职业教育研究》,2010 年第 7 期。

[54]唐冬生:《高职院校"职业人"培养模式的构建》,载《教育理论与实践》,2010 年第 9 期。

[55]孙晓峰:《高校德育管理机制的构建与程序设计》,载《思想理论教育导刊》,2011 年第 11 期。

[56]何世恩:《带薪顶岗实习中存在的问题与解决方法》,载《职业教育》,2012 年第 16 期。

[57]吴贵才:《高职顶岗实习实施方案的研究》,载《高职专论》,2011 年第 6 期。

[58]余振标:《高职学生顶岗实习实施与管理的探索》,载《科教导刊》,2011 年第 6 期。

[59]冉林:《新时期大学生三下乡社会实践活动刍议》,载《四川文理学院学报》,2008 年第 3 期。

[60]代浩云:《"三下乡"大学生社会实践活动的现状及反思》,载《北京城市学院学报》,2009 年第 5 期。

[61]张维延,王建凯:《职业发展教育中的带薪实习探讨》,载《教育评论》,2014 年第 9 期。

[62]芮秀文:《"校企合作带薪实习"模式探析》,载《中国高校科技》,2012 年第 11 期。

[63]陈杰,摇福生、刘素贞:《高校学生志愿服务的发展趋势及其德育价值分析》,载《国家教育行政学院学报》,2011 年第 3 期。

[64]肖湘愚,李茂平:《志愿服务:社会主义核心价值观教育的有效载体》,载《湘潭大学学报(哲学社会科学版)》,2011 年第 2 期。

[65]王顺茗:《志愿服务与大学生职业道德的培养》,载《中国青年研究》,2010 年 10 期。

[66]赵志军:《德育管理:必须坚持科学的德育发展观》,载《中国教育学刊》,2006 年第 5 期。

后　记

为深入学习贯彻党的十八大精神和习近平总书记系列讲话精神，展示中央16号文件颁发以来各地各高校加强和改进高校德育工作的新实践、新探索的成果，教育部思想政治工作司组织出版《高校德育成果文库》，汇集各地高校的成果和经验，搭建交流研究成果、展示工作经验、促进成果转化的有效平台，相信会对进一步促进高校德育工作的创新发展起到重要的推动作用。

本书是《高校德育成果文库》入选书目之一，本书结合现代职业教育规律和教育教学实践对现代职业教育德育作了全面、系统的阐释，坚持理论联系实际的原则，充分体现了理论性、系统性、学术性、前瞻性等特点。本书由王官成教授总体设计、拟定写作提纲。由王官成、陈友力负责书稿的修改、统稿和定稿。参与本书编写的有王官成、陈友力、李慧萍、苟建明、陈光洪、钟艳红、黄勇、郑晓、刘世敏、王晓萌等。教育部思想政治工作司对《高校德育成果文库》的编选给予了关心和指导。本书在编写和出版过程中，得到了中国书籍出版社、中联华文（北京）社科图书咨询中心的大力支持，在此表示衷心的感谢。

本书编写组

2014年12月